AF409835

Enciéndete y brilla

Cómo amarte y creer en tí

Bartolommei, Verónica Soledad

    Enciéndete y brilla: cómo amarte y creer en ti / Verónica Soledad Bartolommei. - 1a ed volumen combinado. - Santa Fe: Verónica Soledad Bartolommei, 2020.

    252 p.; 21 x 15 cm.

    ISBN 978-987-86-3219-3

    1. Metafísica. 2. Crecimiento Personal. 3. Desarrollo Personal. I. Título.

    CDD 110

Encíendete y brilla

Primera edición: Enero 2020

©Verónica Bartolommei

Autoedición: Verónica Bartolommei

Bartolommeiveronica@gmail.com

Diseño de tapa y maquetación: María Victoria Acosta

Nota a los lectores: Esta publicación contiene las opiniones e ideas de su autora. Su intención es ofrecer material útil e informativo sobre el tema tratado. Las estrategias señaladas en este libro pueden no ser apropiadas para todos los individuos y no se garantiza que produzcan ningún resultado en particular. Este libro se vende bajo el supuesto de que ni el autor, ni el editor, ni la imprenta se dedican a prestar asesoría o servicios profesionales legales, financiero, de contaduría, psicología u otros. El lector deberá consultar a un profesional capacitado antes de adoptar las sugerencias de este libro o sacar conclusiones de él. No se da ninguna garantía respecto a la precisión o integridad de la información o referencias incluidas aquí, y tanto el autor como editor y la imprenta y todas las partes implicadas en el diseño de portada y distribución, niegan específicamente cualquier responsabilidad por obligaciones, pérdidas o riesgos, personales o de otro tipo, en que se incurra como consecuencia, directa o indirecta, del uso y aplicación de cualquier contenido del libro.

Impreso en Argentina.

71427321893

DEDICATORIA

¡A ti, querido lector!

Porque me has abierto las puertas de tu corazón para recibir cada palabra de éstas páginas que son mi regalo.

Esa apertura que te llevará, si te lo permites, a tu mundo interno para aprender a amarte y desde ese punto brindar amor a los demás.

Ese amor incondicional que te hará brillar y encender la llama de los que te rodean.

¡Gracias por ser mi propósito!

TESTIMONIOS SOBRE EL LIBRO

Enciéndete y Brilla es el título perfecto para un libro que, te hará reconocer tu sombra, reconciliarte con ella y de esta forma poder brillar en la luz. Verónica nos acompaña por las partes más internas de la mente y nos ayuda a reconocer que es, lo que sucede a nivel subconsciente para poderlo entender, localizar y sanar.
¡Muchas gracias, por tu luz Verónica!

Rocío Rincón. Autora de la trilogía "Cuando aprendas a volar"

Leer "Enciéndete y Brilla" te lleva definitivamente a ser el dueño de tu destino y a tomar el control total de tu vida reconociendo definitivamente tu derecho a vivir, soñar y BRILLAR sin dudar.

Norma Adriana. Autora de la Trilogía 8 Llaves

"Muchas veces, por un lenguaje técnico y científico ciertas verdades escritas en libros no son comprendidas y mucho menos, adaptables a nuestra vida cotidiana para resolver problemas personales. Gracias Verónica por este libro que explica de manera simple, clara y concreta el funcionamiento de nuestra psique de manera que podamos comprendernos amarnos y renovarnos. Mucho éxito."

Livia Escobar, filóloga, traductora y autora de la trilogía "Lola Baltazar decide viajar"

"Tienes en tus manos un libro de Obligada lectura. Sin duda una gran Obra de Arte.

Este no es cualquier libro de crecimiento personal al uso, es un libro para releer e integrar en tí.

Te atrapa desde la primera frase, no podrás dejar de leerlo a todas horas. Te Enamorará.

Verónica ha impregnado en él su alma al 100% en cada una de sus palabras.

Cuando lo termines le pedirás más.

¡Enhorabuena!"

Tania Carrillo Arias. Autora de la Saga: El sol de tu corazón

---

Ha sido un verdadero deleite, descubrir, entre las páginas del Libro Enciéndete y Brilla, como Verónica te va llevando a darte cuenta lo maravilloso que guarda tu ser interior, todo lo que eres capaz de dar y generar en tu vida y como con el corazón abierto también aprender a recibir, es un libro que no te puedes perder de leer.

Bea Sansores. Autora de la Trilogía: Divina Locura

Permitirnos brillar es el regalo que todos debemos experimentar aceptando que somos creadores de nuestra propia luz...
Enciéndete y brilla ha sido un regalo maravilloso. Siento que llego en el momento oportuno en el momento en que tus palabras me encontraron y yo las encontré a ellas. Estábamos buscándonos fue algo inexplicable, solo existían las palabras y yo, mi concentración fue a tal punto que llamo la atención, me observaron leyendo y me preguntaron qué lees? Respondí con una seña como diciendo luego te co-

mento. Seguí atenta concentrada con la mirada puesta en cada palabra en todo lo escrito. Era mi momento. Fue un diálogo tan profundo entre las dos.

Quedé mirándome por fuera y por dentro con una mirada auto-reflexiva, con amor.

Gracias Vero por tus palabras. Fue emocionante. Tu escritura tiene un brillo especial. Gracias por "Enciénte y Brilla". Aquí ya estoy brillando. GRACIAS! Te amo!

Sandra Elisabet Mendoza. Soñadora. Estudiante. Comerciante. Amante de las actividades solidarias.

"Enciéndete y brilla" es el sueño cumplido luego de un largo camino que has recorrido, mi querida hermana del alma.

Leerte es un bálsamo a mi ser. Recorrer cada una de estas páginas me llena de amor, paz y sabiduría.

Este libro va a encender y va a hacer brillar a muchas personas que hoy están pasando por alguna prueba o se sienten en la oscuridad.

Conozco tu historia y estoy orgullosa de que hayas tomado la decisión de escribir y hoy estés haciendo realidad tu propósito de vida, porque sin dudas "viniste a este mundo a brillar".

Gracias por ponerle tanto amor, por dejarme ser parte de tu sueño y acompañarte en cada paso.

¡Te amo para siempre!

Vicky Acosta. Diseñadora gráfica, estudiante y un alma imparable.

ÍNDICE

"Amarse a uno mismo
es una historia
de amor eterna.
Eres la persona
con la que
convivirás toda
tu vida."

Enciéndete y brilla

Cómo amarte y creer en tí

Caminas entre sensaciones de miedo y de ansiedad por lo que te vas a encontrar.

Pensabas que la luz que viste estaba más cerca, pero avanzas y pareciera que nunca llegas.

Comienza un especie de camino marcado con rocas, lo tomas y piensas: "si estoy acá es porque así tiene que ser, nada malo podrá sucederme".

Tus ojos se encuentran totalmente abiertos, más que nunca, para no perderte ningún detalle. Ves pequeñas casitas modestas, hasta te parecen de ciencia ficción, sacadas de alguna película. Pero sigues sin ver ninguna persona en el recorrido.

Todo lo que observas te parece soñado, incluso te pellizcas para ver si de verdad estás ahí, si esa es tu realidad.

Mientras te vas acercando, la sensación que te invade es de paz, de armonía...

hay mucho silencio. Piensas que tal vez están descansando o te están espiando y tú no los ves. Sigues hacia adelante. El camino de entrada ya se ha bifurcado varias veces, pero sigues atraído hacia la luz que observaste inicialmente.

Ahora sí, ya estás más cerca. Tu corazón parece que va a salir por tu boca, tu respiración y pulso parecen una locomotora a toda velocidad... y detienes tus pasos, te frenas en seco ante lo que tus ojos acaban de ver. Hay un anciano en el centro de una multitud de personas todas conectadas por sus manos. Miras uno a uno y no encuentras a ninguno fuera de esa gran red de conexión humana.

No te han visto. Están todos con los ojos cerrados. Mujeres y hombres de todas las edades y etapas de la vida unidos en una ceremonia que no logras comprender. Te dedicas a observar solamente, miras con atención todo lo que se va desarrollando y tu paz interior sigue en aumento.

Continúa el silencio, solo se escucha la respiración suave y lenta, hasta parece que se han puesto de acuerdo y respiran al unísono. Es un coro de armonía, de suave inhalar - exhalar y que sensación tan bella trasmiten.

De pronto el anciano del centro abre los ojos y los fija sobre ti. Te estremeces y esperas ver cuál es su reacción.

El anciano sonríe y de su voz salen las palabras:

-"Bienvenido"

Ante ellas el resto de las personas abre los ojos y se clavan todas las miradas sobre ti.

Te acercas y dices amorosamente:

- Gracias

Todos comienzan a murmurar, pero ninguno se levanta. Algunos te saludan y otros solo te observan. Te sientes incómodo y cómodo a la vez. Sigues caminando y entablas conversación con el anciano delante de todos, suena a que estás pasando por una prueba o te están tomando lección. Pero no te sientes presionado, sino una situación obvia, que tiene que suceder, eres el desconocido y quieren saber de ti.

El círculo de personas se abre y el anciano te invita a sentarte a su lado para que les digas quien eres y cuentes toda la historia sobre como llegaste allí.

Comienzas hablar y sólo ves rostros que te miran con cariño, te sonríen, te atienden, te brindan agua y alimentos mientras le cuentas tu travesía.

Mientras avanzas en el relato te vas sintiendo cada vez más cómodo, como en familia y les dices que tienes mucho por compartir con ellos.

El anciano toma la palabra, agarra tu mano y te ofrece quedarte todo el tiempo que desees hasta que sientas que ya diste todo lo que deseas dar y ya recibiste de ellos todo lo que te pueden ofrecer. Te hace parte de esa gran familia y te invita a descansar. Mañana habrá mucho por contar, compartir y aprender.

Te destinan un pequeño hogar y todos te saludan amigablemente. Hora de soñar y encontrarse nuevamente a la salida del sol.

Acostado ya en la habitación que destinaron para ti, te quedas reflexionando lo maravilloso de este encuentro y que aún te sientes acelerado por todo lo sucedido.

El cansancio te gana y te quedas dormido, por fin después de tanto tiempo, cómodamente dormido...

¿QUÉ BUSCO COMPARTIR CONTIGO?

En este tercer volumen deseo culminar con un proceso de cambios internos en ti, que te permitan encontrarte observándote y viendo a tu mejor versión.

Lo que compartimos en el primer volumen: *"Secretos que no son secretos"*, sin lugar a dudas, es el inicio más importante del proceso, porque fue dar ese primer paso a la transformación y crecimiento personal. También fue hacerte responsable de ti mismo y de todo aquello que compone tu realidad. Abandonar el rol de víctima que nunca te ha servido para desarrollarte sanamente y comenzar a marcar tu camino hacia tus sueños.

En el segundo volumen: *"Descubre tu verdadero tesoro"* fue el momento de seguir avanzando limpiando tu interior y sacando afuera todo aquello que se mantiene solo para provocar daño psíquico, emocional y físico. Lo que no te permite seguir superándote y te regresa al pasado constantemente.

Y ahora llegó el momento de ser tu mismo, de amarte incondicionalmente, de aceptar tus partes débiles, erróneas e integrarlas con tus fortalezas, tu belleza interior y exterior. Descubrir que hay una llama dentro de ti que tal vez esta mínimamente encendida esperando propagarse y generar la gran llama que implica encenderte y brillar.

Basta ya de vivir en la sombra, oculto, tratando de ser invisible, para que no te vean, para que no te critiquen, para que nadie cuestione tus pensamientos, sentimientos y acciones.

Ya es hora, el momento justo para decidir que quieres tú dejando de lado aquello que los demás esperan, solo escuchándote a ti, a lo que tú corazón y tú alma te susurran. Si comienzas a escucharte vas a encontrar más que susurros, gritos de esperanza que comienzan a brotar cuando respondes a ellos, en definitiva a ti mismo.

Es tu momento, no lo desperdicies, no te distraigas. El afuera solo va a servirte para conocerte y amarte más y más.

¡YA LO VERÁS, TODO CAMBIARÁ Y TE SORPRENDERÁ EL BRILLO QUE DESPRENDERÁS!

¿POR QUÉ HE ELEGIDO ESTE TÍTULO?

"Enciéndete y brilla", sí, eso es lo que deseo que logres y sé que lo harás.

Cada uno de nosotros llegamos a este plano con un propósito por realizar. Cuando te encuentras a ti mismo eso surge, sale a la superficie, el polvo que cubría toda esa información lo eliminas, las cadenas que te ataban las disuelves y esa llama interna, ese brillo que cada uno de nosotros llevamos dentro comienza a encenderse de a poco y con más fuerza cada vez que te cuidas, que te mimas, que te prestas atención y comienzas a amarte de verdad, con ese amor incondicional que no se negocia por nada, ni nadie.

Tú eres una estrella, y cada uno de nosotros es una estrella destinada a brillar, no a apagarse y esconderse en la oscuridad. Nacemos así y permitimos que todo lo que sucede a nuestro alrededor nos atenúe de a poco ese brillo. Pareciera que está mal brillar y ser uno mismo, ser distinto, ser único. Pero sabes ¿Qué? A eso vinimos, ese es el propósito de nuestra existencia.

Así que te comprometo a que le hagas honor a tu paso por este mundo. Cuando lo haces todo se alinea para que vivas la mejor de las vidas jamás imaginada.

Tienes el derecho de vivir, de soñar y brillar como se te plazca. Que actuar así, siguiendo tus sueños no lo denominen rebeldía, porque le otorgan una connotación muy negativa al hecho de destacarte. Pero si observas bien todas las estrellas que admiras por sus logros llegaron allí por ser ellas mismas, por amarse y no permitir que otros le digan que no podían lograr sus sueños.

Esas estrellas decidieron no apagarse y seguir adelante, aún cayendo mil veces, aún sintiendo que en un momento se luz iba menguando, no permitieron que eso sucediera, porque eso significa estar muerto en vida.

Tú ya llevas bastante camino, y sé que no es fácil. Lo sé porque estuve y seguramente volveré a estar ahí en algunos momentos. Pero ahora tengo la información y la programación que me ayudará a salir con mayor facilidad de cualquier situación. Ya no será tan extensa y mucho menos eterna como antes pensaba. Y tú, si realmente estas en el proceso, ya avanzaste demasiado y puedes proponerte todo lo que desees.

Por eso he decidido compartir contigo este tercer volumen, que es esencial para brindarte un cierre final y de relevancia. Contándote mis experiencias y toda la información que recopile durante años para lograr verdaderos cambios totalmente renovadores y positivos.

¡YA NADA SERÁ IGUAL Y TE SORPRENDERÁS DE TODO LO QUE HABÍA ESCONDIDO EN TI, DISPUESTO A SER DESCUBIERTO PARA DEJARLO BRILLAR!

ALGO QUE DEBES SABER

Tenemos la habilidad de mirar todo lo que nos rodea, evaluarlo y sacar conclusión sobre ello.

¿Y sabes algo?, está bárbaro si te sirve realmente para reflexionar sobre ti mismo, sobre aquello que te produce emociones negativas, sobre todo aquello que te mantiene en incoherencia entre lo que piensas, sientes y haces.

Todo lo que en el exterior te disguste está ahí para que te mires por dentro y descubras en que no te estás siendo fiel. Descubrir que autoengaño estás viviendo y buscarle la vuelta para no volver a repetirlo.

Más allá de toda la información que he recopilado y voy a compartir contigo, lo que más resuena en mi es lo experimentado. Porque sinceramente hay información que ya conocía, e incluso la entendía, pero no fue hasta que pase por situaciones que me llevaron a aplicarla donde realmente di por hecho que así funciona el Universo. Que no hay mentira, ni engaño en esto, sólo que despierte tu verdadero yo y comience a explorar este camino de autoconocimiento que como consecuencia sólo te obsequia avances positivos. Sientes que estabas dormido y ahora estas renaciendo.

Para no aburrirte tanto vamos a comenzar con una parte muy importante, que estamos acostumbrados a esquivar, esconder y no reconocer…

LO QUE NO
TE ATREVES
A VER

LA SOMBRA

La pregunta que deberías hacerte es:

¿Qué estoy rechazando de mi mismo?

Si comienzas a observarte constantemente y sin engaños, descubrirás que aquella parte de tu personalidad que manifiestas ante todos son tus aspectos conscientes. Pero no es lo único que forma parte de ti, hay otra parte que sobrevive en la oscuridad (por eso lo de llamarla sombra), oculta para todos, incluso para ti mismo y en ocasiones se manifiesta saliendo al exterior para causar problemas allí donde actúa.

La sombra, en términos de la psique, es todo aquello que rechazamos de nuestro carácter y personalidad, porque lo consideramos negativo, inconveniente, problemático, vergonzoso y hasta peligroso.

Muchas veces sientes que si dejas salir esa parte de tu personalidad vas a ser juzgado y señalado por la sociedad.

Cuantas veces las lecciones de nuestros padres, maestros, la sociedad en que vivimos, la religión que profesamos nos va ofreciendo lineamientos sobre lo que se considera que está bien y lo que está mal. Vamos a convenir que un orden y seguir determinadas reglas esta perfecto para organizar una sociedad e intentar mantener la armonía. Pero que sucede con aquellas enseñanzas erróneas que se han incrustado en nuestro inconsciente y nos hacen sentir culpable por todo lo que hacemos y hasta pensamos.

Algunas solo están presentes para limitarnos y no tienen ninguna otra función más que mantenernos estancados sufriendo.

En estos casos la culpa y el remordimiento juegan un papel importantísimo.

Seguro te ha pasado que te cuesta decirle a un ser querido "NO" a algún pedido explicito, y te cuesta horrores hacerle el favor pero siempre dices que si, aunque por dentro estés odiando la situación. Todos hemos pasado por circunstancias de ese estilo. Es que nos han enseñado que eso es ser buena persona, estar disponible siempre para los demás. Pero, ¿te enseñaron a tenerte en primer lugar y evaluar si lo que te piden como favor realmente sientes ganas de hacerlo, vibras con ello, quieres ayudar de corazón o se vuelve un peso, y lo haces a desgano y protestando?

Esa zona tuya que experimenta esos enojos, frustraciones, máscaras y falsedad hacia el exterior es tu sombra. La estás alimentando cada vez que actúas en forma desfavorable a tus pensamientos y emociones reales.

Esta dimensión desconocida de tu ser que denominamos sombra, representa tu mayor trampa y a la vez tu mayor tesoro, pues en ella se halla toda tu capacidad para hacer daño, tanto a ti mismo como a otros, así como un inmenso potencial positivo por descubrir, que abre las puertas de un sinfín de posibilidades para hacer realidad tus sueños.

Esa zona tan oculta por ti, comprende rasgos de conducta, talento y habilidades que pueden ser parte intrínseca de tu potencial, pero como consecuencia de la educación y condicionamiento recibidos, primero en tu entorno familiar, luego escolar, profesional y a lo largo de de toda tu vida en el seno de la sociedad, son considerados inadecuados y por lo tanto, los reprimes y los dejas ocultos pensando que no existen; y te dedicas hacer sólo lo socialmente correcto.

El engaño propio es creer que esas partes que reprimes las has desterrado y ya no se encuentran en ti. Eso es falso, siempre estarán ahí, al acecho de salir de la oscuridad. Necesitan que las reconozcas. Eso también eres tú. Debes integrarla.

Para el psicólogo suizo Carl Gustav Jung, la sombra es lo siguiente:

"Los rasgos del ser humano en parte reprimidos, en parte no vividos del todo que desde el principio fueron en gran parte excluidos por motivos morales, sociales, educativos o de otro tipo y por eso cayeron en la represión, es decir, en la disociación."

En resumen, llevas contigo todos los rasgos de tu personalidad que has dejado de manifestar por considerarlos incorrectos, inconveniente, inútil, y sí has permitido que se manifestaran todos aquellos rasgos que son adaptados y aceptados socialmente, conformando así tu ego. Dejas de ser auténtico y original, sacrificando todo ello en aras de ser aceptado por tu entorno y la sociedad.

Para mayor compresión te voy a contar la historia de Ana:

Ella se mostraba muy amorosa, atenta y pacifica mamá con su hijo de 6 años. Pero se daba cuenta que había momentos en que su hijo la sacaba de quicio. El comportamiento de Ana era totalmente diferente, como si saliera a la luz otra Ana, desconocida para ella. Gritaba, se comportaba violentamente, golpeaba las puertas, los muebles y hasta zarandeaba a su hijo.

Luego del episodio, Ana no comprendía porque adoptaba ese comportamiento y una gran culpa la abarcaba. ¿Cómo podía ser posible que se comportara así con su propio hijo, la persona que más ama en el mundo, a la que debe cuidar y proteger?

Ese llamado de atención llevo a Ana a preguntarse cómo era posible ese cambio tan brusco en ella, que le disgustaba y que ni siquiera en episodios con otras personas había aflorado hasta ahora. En esos momentos se sentía fuera de sí, irreconocible, como poseída. Y ello le asustaba a ella misma y a su hijo.

Esa parte de Ana que comenzó a mostrarse ante los berrinches de su hijo es la sombra. Aquello que es parte de ella misma, que se encuentra en el inconsciente y se muestra ante episodios que remueven traumas y marcas ocultas guardadas por años y no manifestadas por miedo a no ser aceptada, no ser amada y que su entorno esté orgulloso de ella.

¿Qué descubrió Ana? Que esa parte oscura que se mostraba sin permiso en ciertas situaciones tenían total relación con todas las experiencias traumáticas vividas de niña que supo esconder muy bien con el tiempo. Que aprendió a modificar, acallar para protegerse del exterior mientras recibía las enseñanzas en su familia, en el colegio y que iban delineando cual debía ser su comportamiento aceptado.

Analizándose a sí misma, pudo reconocer conscientemente que las situaciones que la desconectaban de su estado habitual, estaban totalmente conectadas con todas las represiones vividas en el pasado. Reaparecían los gritos de sus padres, la fuerte autoridad de su padre y su abuelo, los castigos recibidos cuando no era obediente y la manera brusca de mantenerla callada sin poder expresar sus pensamientos y sentimientos.

Estaba repitiendo historia. Todo su comportamiento actual para con su hijo, era el reflejo de lo vivido por ella desde niña. Esa Ana desconocida que actuaba tan inconscientemente era sólo la Ana herida, queriendo sanarse. Ella reaccionaba tal cual reaccionaban los adultos de su entorno cuando era pequeña: con violencia, autoridad, reprimiendo, silenciando, y ella estaba haciendo lo mismo con su hijo.

Ana ama a sus padres y hasta los mantiene idealizados. No fue hasta que surgieron estos episodios que hizo memoria y recordó todas las heridas y traumas que había experimentado. Descubrió lo oculto y olvidados que se encontraban. Y gracias a no soportar su comportamiento actual con su hijo pude hacer visible toda su parte reprimida para poder sanarla actualmente y brindarle a su hijo una mejor mamá.

Ella al hacer consciente toda esta información automáticamente fue sanando y la relación con ella misma y su hijo fueron cambiando mágicamente.

Hoy Ana presta muchísima atención cuando alguna actitud suya le disgusta, empieza analizarse y siempre descubre el por qué, logrando de esta manera un progreso constante de integración de la sombra, de lo negativo que es parte de ella y no busca desterrar ni reprimir, sino aceptar y modificar a su favor.

El ejemplo de Ana lo hemos vivido todos con distintas circunstancias. Sucesos que nos hacen ver partes de nuestra personalidad que sentimos desconocer e incluso creer que no son nuestras y que por lo tanto algo nos posee.

Bueno, ahora ya sabes que no es así. Que absolutamente todo lo que surge de ti, sean palabras, pensamientos, acciones, emociones y actitudes, etc., son pura y exclusivamente tuyas.

Para comprender más sobre este tema te voy a llevar por lo que se denomina...

DUALIDAD

Tú eres un ser espiritual viviendo una experiencia humana. Eres una persona completa y tu mundo se encuentra dentro de ti, no fuera.

A nivel espíritu, alma, ser esencial no hay división, ni polaridad, ni dualismo. Sólo existe la unidad.

La dualidad o polaridad es una invención de la experiencia humana para lograr comprender la esencia de cada cosa.

Tú, ni ninguna persona, puede experimentar la alegría sin antes haber pasado por el estado de tristeza. Como tampoco puedes conocer que es el frio sin conocer el calor y viceversa. Y así con todo. Se manifiesta la esencia en distintos grados, en polos que parecen ser opuestos pero en realidad con complementarios, uno no puede existir sin el otro. Nosotros no podríamos comprender a uno sin el otro.

¿Cuándo puedes asegurar que eres feliz?

Sin lugar a dudas después de haber vivido el estado de tristeza o depresión.

Lo mismo para cualquier experiencia que te imagines. No puedes explicarla sin tener en cuenta el estado complementario.

Así mismo, como es una invención humana para comprender, por ejemplo el bien y el mal, también depende del lugar, de la percepción individual, etc. Lo que es malo acá puede no serlo en otro lugar o espacio de tiempo; y lo que es malo en otro lugar puede totalmente normal acá.

Son muchas las variables que influyen. Pero lo que deseo destacarte es que esa dualidad o polaridad se encuentra en todo en esta vida.

Para amarte a ti mismo, primero tienes que haber vivido situaciones donde no te amaste. Para valorar la salud y cuidarla, tuviste que experimentar la enfermedad. No existe héroe sin villano. Tu trabajo es reconocer esas dos caras de una misma moneda que están presente en ti, integrarlas y amarlas, porque ese eres tú y el amor propio es lo que te llevará camino a tus sueños, a conseguir todo lo que deseas.

Justamente cuando te hablo de sombra estoy refiriéndome a esto. Esa dualidad está en ti, la parte que aceptas de tu personalidad y la parte que ocultas. Ellas son complementarias, deben integrarse. Si no lo haces lo reprimido saldrá a la luz de las peores maneras imaginadas hasta que le prestes atención y las atiendas.

El tema radica en que las mismas no son conscientes, pero en una u otra ocasión se muestran y es allí donde debes aprovechar para observarlas y reconocer que también forman parte de ti.

> *"Prefiero ser una persona completa antes que una buena persona"*
>
> *Carl Gustav Jung*

Te despiertas sobresaltado, empapado en sudor, asustado. Miras a tu alrededor y te cuesta caer en la realidad. Por un momento no entiendes dónde estás, hasta que tu cerebro hace conexión y tu corazón baja los decibeles de sus latidos.

Acabas de despertar de un sueño muy movilizador que te hace pensar y reflexionar. Intuyes que hay mensajes en él por la manera en que te sientes. Entre angustia y una sensación de desapego a todo lo vivido antes. Estás soltando el pasado. Hoy decides comenzar a disfrutar cada instante, cada regalo del presente. Ahora mismo despertar en una habitación, cómodo, después de tanto tiempo a la deriva, descansando mal, es un super regalo. ¡Cómo no agradecerlo!

Estás ahora mismo en un lugar desconocido, con personas desconocidas y aunque te genera algo de incertidumbre no saber cómo van a suceder los días de aquí en más, tu mente no busca excusas, justificativos o culpables afuera para mantenerte en el estado de víctima en el que siempre has vivido en el pasado.

Te enfrentas hoy a un mundo nuevo, tanto desde tu interior como en lo exterior. En otro momento te produciría terror, sin embargo hoy sientes que tu ánimo crece, que quieres mirar a los ojos a cada persona que se acerque a compartir experiencias y momentos, charlas, risas, etc., sabiendo que de ellos seguirás aprendiendo más sobre ti mismo.

Sales de la cama, te estiras y agradeces al universo por otro día más de vida, sabiendo con toda seguridad que todo lo que te espera es maravilloso. Tu corazón salta de entusiasmo dentro de ti y una gran sonrisa se dibuja en tu rostro.

Abres la puerta con la ilusión de todo lo nuevo por aprender y aportar a los demás. Por fin llegó el momento anhelado de compartir lo que has vivido y aprendido...

LA MÁSCARA

¿Por qué te hablo de máscara?

Porque eso es lo que haces para mostrarte ante la sociedad, ante tu entorno, tus amigos, la chica que te atrae. Siempre muestras lo mejor de ti buscando ser aceptado, caer bien, ser admirado, etc.

Sin embargo, sabes muy bien que no eres perfecto y que también hay zonas sombrías o no tan agradables dentro de ti. Pero no las muestras o sólo algunas personas han llegado a conocerlas. Generalmente son aquellas que pasan mucho tiempo contigo y puede ver realmente tus fortalezas y debilidades, tus días buenos y malos.

Todo aquello que rechazas de ti mismo, que es indeseable, que te produce vergüenza, que desprecias, lo envías a un pozo oscuro para esconderlo de ti y de los demás. No es aceptado.

De esa forma te vas fragmentando entre lo que aceptas y lo que no, incluso va variando a medida que avanzas en la vida, de acuerdo a la percepción de la realidad y a las experiencias que vas teniendo.

Muchas veces lo que no reconoces en ti, lo ves en los demás y es justamente lo que te disgusta y te molesta de ellos. Esta es otra manera de observar, prestar atención a las emociones que te generan los demás, para hacer consciente en ti, aquello que guardas bajo la alfombra o en el pozo oscuro de tu interior. Es lo que no reconoces en ti pero ves y juzgas claramente en los demás.

UN TRABAJO INTERNO PROFUNDO

Ese trabajo es el que realizas cuando realmente integras la sombra. Para dejar de vivir como robots y reconocer que eres un ser humano, creador de tu propia realidad, con el poder nato de manifestar todo aquello que deseas y anhelas. Debes comenzar a integrar la sombra como un paso fundamental y elemental.

No hay trabajo interno fuerte y profundo, de cambios reales, si no te dedicas a ser un ser completo con todas tus características. Amándolas y abrazándolas.

Basta ya de desdoblarte, de colocar una máscara para que el exterior no vea quien eres como ser completo.

Desdoblarte en:

- La máscara que le muestras a la sociedad, reprimiendo las características de tu personalidad que te disgustan o crees que es inadecuada o inaceptable para tu entorno. Siendo incoherente contigo mismo.

- Lo que eres en realidad, con todas tus facetas, sean consideradas buenas o no, son tuyas y ese eres tú. Y cuando te comportas, piensas y sientes en coherencia contigo, sin pensar que dirán los demás, te sientes libre, en armonía y paz que tienen el mayor valor y tesoro que ningún dinero puede comprar.

Cuando percibes este desdoblamiento y la incoherencia que este muestra ante ti, comienzas a sentirte en estados no satisfactorios, con culpa, con depresiones y emociones que te hacen sentir la traición hacia ti mismo. No eres honesto con el resto y contigo tampoco. Todo ello trae consecuencias.

HEREDAMOS SOMBRA

En el libro anterior trabajamos sobre el inconsciente y allí diferenciamos:

- Inconsciente colectivo

- Inconsciente Familiar

- Inconsciente Individual

Seguro estarás pensando: ¿por qué vuelvo a este tema?

Porque los tres libros están unidos y todo el material que comparto esté totalmente relacionado, sólo que pretendo darle un orden para hacerlo más sencillo para que puedas trabajar en ello, y de esta forma, conseguir la vida que siempre soñaste. Hacia ello te diriges desde que iniciaste con el primer libro. Paso a paso y aplicando el contenido vas logrando cambios internos que se reflejan en el exterior.

En el caso de la sombra, también la recibes del inconsciente colectivo y del inconsciente familiar al momento de nacer. Luego, con los años, vas creciendo y adquiriendo la sombra de tus propias vivencias.

Para llegar al cuerpo físico que traes al nacer, primero atraviesas el inconsciente colectivo, ya que naces en un continente, país y ciudad, con una cultura e idioma determinado, que se marca en ti.

El inconsciente colectivo es fácil de ver. Si te fijas bien una parte del mundo se muere de hambre y otra parte gasta millones de dólares en sistemas de dietas para bajar de peso. Los países que defienden la democracia son los primeros en plantear guerras. La religión produce abismos inmensos en el ser humano entre lo que se considera bien y mal, y cada una de esas ideas diferentes a respetar por sus seguidores. Todos ellos son ejemplo de la sombra que incorporamos del inconsciente colectivo al nacer.

El inconsciente familiar también lo recibimos al nacer. Traemos todos los traumas, secretos, deseos reprimidos de nuestros ancestros. Todos los patrones disfuncionales que existen en tu árbol genealógico están ahí para ser repetidos una y otra vez. Aquí se encuentra tu habilidad para que los veas, los reconozcas y al hacerlos consciente lo liberes de esa represión; que a veces se mantienen por muchas generaciones hasta que alguno de sus miembros logra trascenderla para el bien propio y de todos sus ancestros y generaciones futuras.

De esta forma surge la sombra desde que nacemos. Donde y cuando nos condiciona, los traumas de nuestros ancestros nos condiciona, y por último la familia, el colegio, etc., cuando nos dicen que algo está bien o mal. De esta manera vamos creciendo y apagando ciertas partes de nuestra personalidad, dejando salir sólo la considerada adecuada.

CONSECUENCIAS DE NO INTEGRAR LA SOMBRA

La sombra no debe ser vista como peligrosa, ni hay que temerle. No es negativa cuando al manifestarse ante pequeños actos logras verla y hacerla consciente, para luego integrarla.

Únicamente se vuelve peligrosa cuando no quieres verla y la reprimes tanto que se vuelve dañina para ti mismo y para los demás.

Cuando no le prestas atención ella te traga y luego actúas de una manera desconocida para ti. Seguro has vivido esas situaciones en las que te preguntas: ¿Qué me pasó, porque actúe de tal manera?, ¡No era yo! En esos momentos en que te sientes mal sobre tu conducta, es el instante adecuado de observar aquello que se mostro de ti, que emociones tenías y comenzar a analizar qué fue lo que desató eso en ti.

El que busca encuentra, por eso mismo, te pido que no mires al costado ante este tipo de circunstancias y comiences a sentir que es lo que provocó tal reacción desmedida en ti.

El ejemplo que vimos de Ana es uno de ellos. Pero también puedes ver en la sociedad muchísimos casos terribles donde actúa la sombra, por el sólo hecho de no ser integrada. En los casos de asesinatos, en general, cuando preguntan a los vecinos o conocidos, todos coinciden en no creer tal situación porque la persona agresora es considerada muy buena, amable, siempre colaborando, etc.

Luego cuando suceden estos casos descubren que su comportamiento no era el que normalmente manifiestan y ellos mismos declaran haberse desconocido en esos instantes del hecho tan terrorífico.

Todo esto no va de posición de defensa o culpabilidad, sino de poder compartirte hasta qué grado puede llegar la sombra si no es integrada. Obviamente hay personas que tienen una sombra más imponente que lo que muestran de ellos mismos.

Otro ejemplo, que actualmente se le ha prestado mucha atención, es el tema del bulling. Siempre existió pero en estos momentos tiene mayor transcendencia porque se habla más. Cuando un niño experimenta cualquier tipo de burla constante de unos o varios compañeros, en general se vuelve retraído, tímido y soporta todo. Cuando expresa lo que le sucede a las autoridades del colegio o a sus padres, generalmente le responden que no le preste atención a las burlas, que las ignore. Esa actitud de los adultos, con ese tipo de indicaciones sobre cómo debe comportarse, provocan que la sombra de ese niño siga creciendo, hasta que un día determinado sale afuera de la peor forma, golpeando descontroladamente a alguno de los burlones o en el peor de los casos, como ha sucedido, llevan armas al colegio para descargar la ira acumulada durante tanto tiempo o se auto-agreden a ellos mismos.

Esto sucede porque la persona que sufre bulling y no expresa su ira, no descarga la violencia que le genera la situación; lo que está haciendo es proyectarla en los demás y eso concluye en que experimente de manera constante situaciones de ese estilo.

La agresividad es parte del ser humano. Lo que debemos hacer todos es reconocerla e integrarla. Si la negamos va a manifestarse reflejada en violencia de parte de personas de nuestro entorno hacia uno o sale fuera de nosotros en momentos críticos, dañándonos a nosotros mismos o a los demás. Si reconoces que la agresividad forma parte de ti, como de todos, que no somos seres totalmente pacíficos, por la dualidad antes explicada, lograrás integrar la misma convirtiéndote en una persona sana, completa y coherente, sin luchas internas.

Como nadie te ha enseñado a manejar este tema, tal vez ni siquiera lo conocías o habías escuchado hablar de ello pero no le prestaste atención; hoy, que ya la tienes puedes lograr cambios enormes para tu crecimiento.

Normalmente, como la mayoría, cuando ves la sombra, por temor al desconocer lo ocurrido, te asustas y corres rápidamente, huyes de ella. Y si no huyes encuentras la forma de negociar contigo para seguir manteniéndola escondida bajo la alfombra o en la oscuridad de tu interior.

Estas son las peores estrategias porque la sombra tiene que integrarse si o si. Tienes que permitir que salga a la luz, que se manifieste en tu vida. De esa manera te conviertes en una persona completa, entera, coherente, que se ama a sí misma y no necesita de nada, ni nadie para sentirte pleno.

Desde ese punto, sin necesitar de otros y su aprobación

es cuando realmente estás en paz y armonía para compartir tu vida con alguien más. Nadie te puede completar porque ti ya eres un ser completo. Si sientes que algo te falta busca analizar tus emociones y pensamientos. De esa manera la verdad se manifestará.

Este libro, como su título lo dice, desea que descubras el brillo que tienes y enciendas todo lo que eres realmente. Para lograr eso, integrar la sombra es un paso fundamental a ser libre, auténtico y feliz.

Llegó el momento de dejar de rechazarte y juzgar aspectos de ti mismo todo el tiempo. Hoy mismo empieza por buscar esas partes tuyas que ocultaste, ve por ellas, encuéntralas e identifícalas.

La clave del éxito y la felicidad radica en vivir entre las dos polaridades o dualidades:

- Sin idolatrar una y creer que es buena, destacable o sobresaliente.

- Sin castigar, someter o reprimir aquella que consideras mala, inconveniente o indeseable.

Este es el juego de la vida, entender esto, sin luchar, sino trascendiendo los opuestos e integrándolos, sabiendo que tienen la misma esencia, que uno sin el otro no podría existir porque son complementarios, porque es la única forma de comprender a uno y al otro, experimentando ambos, es la mejor manera de vivir en este plano terrenal.

Pregúntate: - ¿Dónde fue que me perdí?

Seguro te ha pasado, como a todos, sentir en algún momento que extrañas ese que fuiste, la alegría que tenías o rasgos de tu personalidad más auténticos que te mantenían en un estado de mayor felicidad, pero que ahora no los ves en ti. Allí es donde tienes que buscar, porque lo que te hacía sentir espléndido, lleno de energía y con ganas de soñar y comerte el mundo, ese eres tú. No murió, sigue allí, esperando que seas valiente y aparezcas para rescatarte a ti mismo.

Recuerda que:

¡ERES TU PROPIO HÉROE!

RECONOCER LA LUZ INTERNA

Cuando comienzas a observarte vas descubriendo esas partes de ti que son sombras y aquellas que son luz, incluso, cuando integras la sombra, dejas de verla como algo a lo que temerle, como algo negativo o peligroso, y se añade a tu parte brillante, para hacerla más intensa.

Esa luz interna, esa estrella que eres y que cada uno es, tiene como única finalidad brillar lo más intensamente posible. Y ¿cuándo lo hace? Cuando te valoras, te sientes merecedor de todo lo que deseas, cuando eres libre, único y te amas incondicionalmente.

El problema radica en algo repetitivo, y es que aprendimos a mirar fuera de nosotros, esperar de los demás aquello que deseamos, tener todas nuestras expectativas en personas o cosas y nunca en nosotros mismos.

Este es el punto por el cual no consigues lo que quieres. Estás esperando que alguien venga y te resuelva los problemas, te cuide, te ame y te de todo lo que sientes que mereces.

Pero realmente, ¿qué es lo que sientes que mereces? Si eres sincero al responder esta pregunta, seguro fijaras tu enfoque en una o varias necesidades que tengas en este momento.

Las necesidades hablan de carencia, algo que te falta. Cuando notas que alguien o algo cubre un hueco en tu vida, es donde vuelves al mismo error, al mismo patrón repetitivo, a sentir que esa circunstancia sucede una y otra vez con resultados similares, simplemente porque es lo que te mereces.

Llegó el momento de apreciar todo lo que eres. Eres un ser increíble, lleno de amor incondicional por entregar, con una llama en tu interior que fuiste apagando en el transcurso de tu vida, pero que sigue allí esperando a que la avives y la enciendas como realmente te mereces.

Debes entender que tu brillo y luz propia no significa que seas arrogante, soberbio o creerte superior a los demás. Todo lo contrario, el que se muestra de esa manera es una persona con poca valía propia y una inseguridad inmensa, que trata de esconder, mostrando esa personalidad como mecanismo de defensa.

Cada uno de nosotros es un ser único y especial. Pero lo mágico de todo esto es que como estamos todos unidos en un inconsciente universal, que no podemos ver, pero si podemos experimentar en nuestras vidas con las personas que son parte de tu camino, aunque sea por un momento, una temporada o toda la vida.

Cuando brillas, contagias a otras personas que están o aparecen en tu vida, encendiéndolas. Igual a la llama de una vela que puede acercarse y encender miles o millones de velas más.

Entendiendo esto, vamos a introducirnos en un tema apasionante que vas a empezar a manejar constantemente en tu vida para lograr ser mejor versión que ayer.

"A LA CIMA NO SE LLEGA SUPERANDO A LOS DEMÁS, SINO SUPERÁNDOTE A TI MISMO"

Si tienes claro que no viniste a competir con nadie, sino a superarte a ti cada día, a crecer y progresar, verás que pasado un tiempo cuando mires atrás los avances que hiciste son impresionantes. Descubrirás el gran valor que tienes para el Universo entero. Si tú creces, crecemos todos.

¡CREE EN TI Y SE ABRIRAN MÁS PUERTAS DE LAS QUE TE IMAGINAS!

MÍRAME
Y
ENCUÉNTRATE

TU REFLEJO

Es todo lo que ves fuera de ti, las personas y circunstancias de tu entorno, son sólo un reflejo de tu interior.

Es difícil entender este tema al principio, y te lo digo por mí experiencia, que me costó bastante. Pero te aseguro que cuando comienzas a observar todo lo que sucede en tu vida, consigues rápidamente darte cuenta que es lo que está desfasado dentro de ti y te apresuras a corregirlo.

Con esto no quiero decir que de aquí en más vas a ser perfecto, nadie lo es, ni lo será. Simplemente son las herramientas con las que no contábamos antes para manejar de mejor manera nuestras vidas y enriquecernos de las situaciones que nos han provocado dolor, angustia, o cualquier emoción que llame tu atención o te desestabilice.

Hay muchísimo para hablar de este tema, así que ponte cómodo y enfoca toda tu atención en las próximas páginas que si lo aplicas todo cambiará para mejor.

Mira bien la imagen a continuación, allí puedes ver que el reflejo no coincide para nada con la realidad.

Eso es lo que pasa habitualmente, no vemos tan pequeños, tan insignificante ante el resto. La desvalorización y el no merecimiento es lo que nos mantiene en vidas mediocres.

Las personas que llegan al éxito y se mantienen allí; que todos admiran y que intentan copiar; están en ese lugar por ser auténticas, por verse tal cual son y saber el poder que radica en su interior. Hacen uso de ello, sabiendo que de esa manera son fieles a la creación, a cumplir con el propósito con el que llegaron a este plano. Te aseguro que no están tocadas por la varita mágica, en realidad la varita mágica la tenemos todos, el tema está en saber hacer uso de ella.

Las personas exitosas, que consiguen lo que desean, no se rinden, no escuchan a los demás, sino a su corazón, a lo que dice esa vocecita que los guía. Llegar a ese lugar no fue simple, ni fácil. Superaron muchas adversidades y fracasos. Lo mismo es para ti. Si quieres tener una vida extraordinaria en el área que sea o en todas, dinero, salud, relaciones, debes ponerte en marcha, escucharte una y otra vez, seguir en camino a ello, aun tropezando, pero siempre volviendo a levantarte impulsado por tus sueños a lograr.

Eres capaz al igual que todos, de conseguir materializar lo que quieras. Eres un ser creador y ese poder lo tienes que aprovechar. Comienza a mirarte con el potencial que realmente tienes. Si otros lograron lo que anhelas, tú también puedes, incluso más que eso.

LA LEY DEL ESPEJO

Existe una ley universal que nos dice:

"Como es adentro es afuera"

Esto quiere decir que lo que ves afuera es el reflejo de lo que eres en tu interior. Existe una correspondencia inevitable entre tú y el exterior.

Por eso es muy importante leer constantemente el afuera simplemente para saber cómo estás tú por dentro y así buscar la manera de realizar los cambios necesarios para tu progreso.

Mírate ahora mismo:

¿Cómo está tu salud?

¿Cómo se encuentra tu energía y vitalidad?

¿Cómo está tu economía?

¿Cómo te sientes con tu trabajo o profesión?

¿Cómo están tus relaciones con la familia?

¿Cómo te sientes en cuánto al amor y la relación de pareja?

¿Cómo son tus amistades, las disfrutas, te ayudan a crecer o te critican constantemente?

Si respondes sinceramente a estas preguntas, enseguida podrás localizar en que aspectos algo no anda como desearías.

Un ejercicio que ayuda mucho es escribir y responder estas preguntas en un cuaderno.

En aquellas que sientes que debes modificar dedícate un tiempo, que es para ti, a plantearte metas y escribir los pasos, el plan de acción a tomar para alcanzarla. Se convertiría en tu agenda de acciones diarias que te llevan, te acercan, y por último concretan lo que te propusiste.

Empieza con metas pequeñas, alcanzables y medibles en el tiempo. Cuando comiences a verlas realizadas, éstas te darán el impulso para proponerte nuevas un poco más importantes. De esa manera irás progresando paso a paso.

El tema de tenerlas por escrito sirve para ver realmente tu progreso y felicitarte por tus logros. En esos momentos debes recompensarte, hacer algo que te guste mucho o regalarte algo. Te lo mereces, de la misma forma que mereces todo en la vida.

El Universo tiene posibilidades infinitas para ti, sólo debes elegir que quieres ser e ir en busca de ello, sin freno. Tienes que demostrarle a ese poder superior que todo lo ve: tu seguridad y que te mueves, a veces más rápido, a veces más lento, pero que vas si o si por eso que deseas. Demuéstrale que crees en ti y nunca desistas. El que le muestres que no vas abandonar por más resistencias y muros que encuentres le dirá que es para ti y te lo dará. Sólo necesita ver esas pruebas para asegurarse de haber entendido tu pedido, tu anhelo.

PROYECCIÓN

Lo que ves en los demás te revela información de ti mismo.

El exterior actúa como un espejo donde ves reflejadas las cualidades, características y aspectos de tu propia esencia.

Las situaciones que ocurren en tu día a día, están allí para ser observadas, destacando aquello que te gusta, te atrae de otros y lo que te disgusta o rechazas.

Para entender esto, el inconsciente actúa mediante lo que es la proyección. La misma es un mecanismo de defensa por el cual atribuimos a otros pensamientos, sentimientos, creencias o incluso acciones propias que son inaceptables para nosotros.

Lo que haces es proyectar tu sombra en los demás para no hacerte cargo de esa parte que crees negativa. Pero así como proyectas sombra, también proyectas luz, esa parte de ti que es increíble, fabulosa, y que observas en los demás, que te atrae, pero crees que no te pertenece a ti.

La proyección comienza a ponerse en marcha durante experiencias que te suponen un conflicto emocional o al sentirte amenazado, tanto interior como exteriormente. Cuando tu mente entiende que existe una amenaza para tu integridad física y emocional, esta emite como rechazo hacia el exterior todas las cualidades, atribuyéndoselas al objeto o sujeto externo a ti. De esta manera, aparente, colocas las amenazas fuera de ti.

Las proyecciones suceden tanto con experiencias de características negativas (odio, rencor, envidia...) como positivas (admiración, idealización, cariño...). Tu realidad la trasladas sin filtro hacia el mundo exterior, construyendo lo que percibes con tus características propias.

Por ejemplo: cuando nos enamoramos atribuimos a la persona amada ciertas características que en realidad existen en nosotros.

Cuando piensas en una persona, te caiga bien o te caiga mal, experimentas una sensación interior sólo por el hecho de pensar en esa persona. Esto significa que estás experimentando un sentimiento incluso en su ausencia. Lo que importa en cualquier relación es lo que sucede en tu mente, pues es ahí donde existen las relaciones. Una relación no existe físicamente, sino que se trata de algo creado por las mentes. Por este motivo, resulta poco útil trabajar sobre las relaciones en sí, lo realmente efectivo es centrarse en uno, tomar responsabilidad de uno mismo y desde allí lograr los cambios necesarios que se extenderán a las relaciones con los demás.

Lo importante de todo esto es darte cuenta que aquello que proyectas en los demás es verdaderamente algo que habla de ti mismo.

La ley del espejo se refleja cuando afirmas conocer muy bien a otras personas y en realidad lo que haces es proyectar sobre ellas tu propia realidad.

Ser consciente de aquello que proyectas en los demás te permite descubrir cómo eres en realidad. Este mecanismo de tu mente te ayuda a tener el control sobre lo que está sucediendo en tu interior para poder hacerte responsable, hacerte cargo y trabajar en los aspectos que no deseas mantener o que quieras transformar en positivo.

Si te fijas bien todo llega a ti por medio de los sentidos, de esa manera lo das por cierto, sin reconocer que las interpretaciones de lo que estas percibiendo contienen tu subjetividad.

Esto provoca una distorsión de la realidad de acuerdo a cómo tú la tomas. No siendo de la misma manera para la otra persona con la cual se generó malestar en ti.

"EL OBSERVAR DICE MÁS SOBRE EL OBSERVADOR QUE SOBRE LO QUE OBSERVA"

Empieza por observarte constantemente y destacar que es aquello que repeles o que te atrae de la otra persona, sobre la que proyectas parte de ti. Recuerda que el otro siempre te hace de espejo. Así que ya sabes dónde y cómo mirarte para conocerte y transformarte.

Recuerda que en el volumen 1, *"Secretos que no son secretos"*, el paso 2 del anclaje es observarte. Es el punto más relevante para hacer consciente cada parte de ti, para integrarte como la totalidad y lo completo que eres. Si te genera dudas, vuelve a leer ese capítulo. Estos libros no son para leerlos y dejarlos archivados, puedes trabajar todos tus cambios y progresos leyendo una y otra vez hasta comprenderlos e integrarlos del todo, hasta lograr la habilidad de controlar tus estados inconscientes tanto como puedas. La repetición es una excelente manera de incorporar a tu vida diaria algo totalmente nuevo.

Sentado en el centro de un círculo de personas, con cientos de ojos posados en ti, te sientes un hombre nuevo. Hablas y ellos te sonríen, te hacen preguntas y te miman con alimentos, agua y hasta regalos hechos por sus manos.

Te sientes tan amado. Te resulta tan mágica la sensación, porque nunca antes te habías sentido de esa manera. Ahora te sientes especial, así como cada una de las personas que están allí son especiales para ti.

Cuando te das cuentas que en toda tu vida, hasta el momento, muy pocas personas te parecieron importantes realmente, entiendes que enrriedo y falta de claridad había en tu interior. Antes sentías que el mundo estaba en tu contra, que sólo recibías críticas, desprecio y palabras desvalorizantes. Hoy tienes claro porque era así. Reflejabas fuera de ti y en cada persona que llegaba a tu vida todas esas características tuyas, teniendo la certeza que esas personas estaban mal y preguntándote porque siempre atraías siempre las mismas circunstancias o similares aun siendo diferentes personas en distintas etapas de tu vida.

Ahora en el presente te encuentras rodeado de personas que te brindan amor, afecto y cariño. Sólo tienen palabras positivas hacia ti. No hay una lucha o competencia por un puesto, lugar o relevancia, todos son iguales y son tratados de la misma manera, grandes, chicos y ancianos. Todos pueden expresar lo que sienten y son escuchados atentamente. Comparten cada pensamiento y van moldeando aquello que ya no les sirve.

Sientes que estás en el lugar adecuado para seguir transformándote en tu mejor versión. Y lo que ves fuera de ti, es tu reflejo actual. Por eso ni se acerca a tu pasado de *resentimientos y culpa. Ya pasaste por una limpieza importante cuando estabas sólo, perdonaste y sanaste cada rincón herido. Tu niño interior esta compartiendo contigo todas estas vivencias y por eso sonríes y disfrutas cada instante.*

En lo único que te equivocaste, es en sentir que sólo tú venías a aportar algo bueno a las personas de la isla. Pero estás sorprendido de lo mucho que ya estas aprendiendo.

¡Eres maestro y aprendíz a la vez!

Quiero compartir varias frases sobre este tema que siempre llevan a la reflexión y en pocas palabras explican muchísimo.

> *"Todo lo que te molesta de otros es sólo una proyección de lo que no has resulto de ti mismo"*
>
> *Buda*

> *"No vemos a los demás como son, sino como somos nosotros"*
>
> *Immanuel Kant*

> *"Muy a menudo, lo que encontramos difícil en los demás es precisamente aquello que no hemos resuelto dentro de nosotros mismos. Si lo hubieramos resuelto inicialmente nunca se hubiese convertido en un problema crónico."*
>
> *Robert Dilts*

EL PODER DE LAS RELACIONES-ESPEJO

Te has puesto a pensar ¿por qué con algunas personas sientes rechazo y hacia otras hay atracción?

Es fácil aceptar que las características que te atraen de otros son también tuyas, pero se vuelve difícil aceptar que posees en tu interior aquellas que detestas en el otro. Pero sólo así, reconociéndolas es cuando puedes cambiarlas.

Todos somos extensiones del campo de energía universal. Tú y yo somos lo mismo. Todo es lo mismo.

Desde ese punto, cada uno es espejo de los demás y viceversa. Hay que aprender a verse en el reflejo que nos brindan las demás personas. Prestarle atención a tus relaciones y ver lo que te ofrecen es descubrir tu verdadera expresión.

Al saber esto, las relaciones se convierten en una fuerte herramienta de evolución espiritual y consecuentemente material. Si aprendes todo se acomoda y logras cambios que ves en tu vida en las distintas áreas. Vas limpiando y acomodando, sólo por el hecho de ser más consciente y comprender, analizar qué es lo que está pasando, qué situaciones te están hablando de ti.

Como todo aprendizaje es de manera repetitiva, se vuelve cada vez más simple, hasta el punto en que lo realizas de manera inconsciente.

En el primer libro hablamos del funcionamiento del cerebro y las conexiones neuronales. Ese caminito que están recorriendo las neuronas en la nueva conexión ante un aprendizaje, que de tanta repetición, se vuelve sencillo. Primero se construye y luego al pasar tantas veces por la misma línea de conexión, el cerebro ya no requiere tanto trabajo y esfuerzo.

Por ejemplo: si te mudas a una zona nueva el recorrido hacia tu lugar de trabajo será distinto al anterior. Probarás varias opciones de camino para quedarte con el que más te conviene, según tiempo, velocidad, etc., según tus requerimientos; y descartarás los que no te complacen.

A medida que pasen los días recorriendo la misma ruta desde tu casa hacia el trabajo, irás prestando menos atención a las calles por las que tienes que transitar y llegara un punto en el tiempo que ya ni tendrás que prestar atención. Harás ese camino en automático. Tu cerebro estará ahorrando energía para poder destinarla a nuevas cosas que requieren mayor atención y lo simple pasará a formar parte del inconsciente.

Eso mismo sucede con todo aprendizaje nuevo. Por eso cuando aprendas a observar las relaciones que tienes con los demás y recoger un análisis de ciertas situaciones que te manifiestan reflejo de ti, porque te quedan dando vueltas, llaman tu atención, o generan una reacción diferente en ti; al principio va a ser trabajoso, pero con el tiempo, si lo realizas constantemente, se volverá parte de tu accionar diario. Cazaras al vuelo información que antes te costaba días interpretar.

Todos estamos envueltos en relaciones. Piensa la red que tú mantienes: padres, hijos, amigos, compañeros de trabajo, relaciones amorosas. Tanto aquellos a los que amamos, como por los que sientes rechazo, son espejo tuyo, en ellos ves tú reflejo.

¿Hacia quienes te sientes atraído?

La respuesta es hacia las personas que tienen características similares a ti. Por eso deseas estar en su compañía, porque inconscientemente al hacerlo puedes manifestar más de tus propias características.

Sabiendo sobre este tema muy útil para el auto-conocimiento, la próxima vez que te sientas atraído por alguien, pregúntate:

- ¿Qué es lo que me atrajo? Su belleza, su simpatía, su soltura, su seguridad, su inteligencia, su elegancia, etc. cualquier cosa que haya sido, sé consciente que esa o esas características están en ti, y si estás en compañía de esa persona comienzan a florecer.

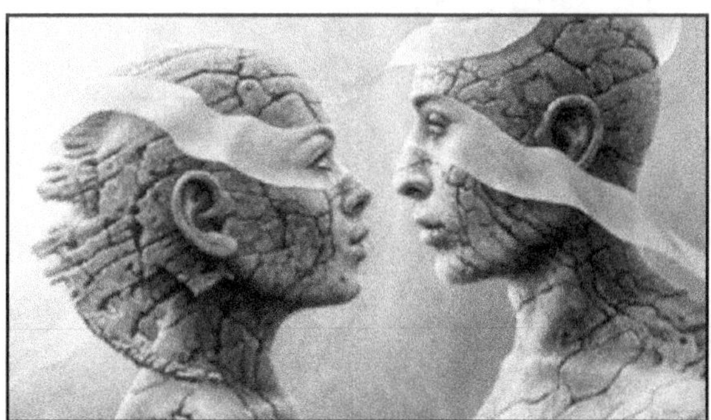

¿Hacia quienes sentimos rechazo?

La respuesta es hacia las personas que tienen características que niegas en ti. Por eso, si sientes una fuerte reacción negativa hacia alguien, puedes estar seguro que entre tú y esa persona hay características en común, las cuales no estás dispuesto aceptar. Si las aceptarás no te molestarían.

Cada vez que te encuentres con personas con las cuales sientes rechazo, aplica el mismo análisis que cuando te atraen. Pregúntate:

- ¿Qué características negativas me repelen de esa persona? Su apatía, egoísmo, soberbia, mala educación, su aspecto físico, etc. Todas esas características muestran algo de ti que no aceptas.

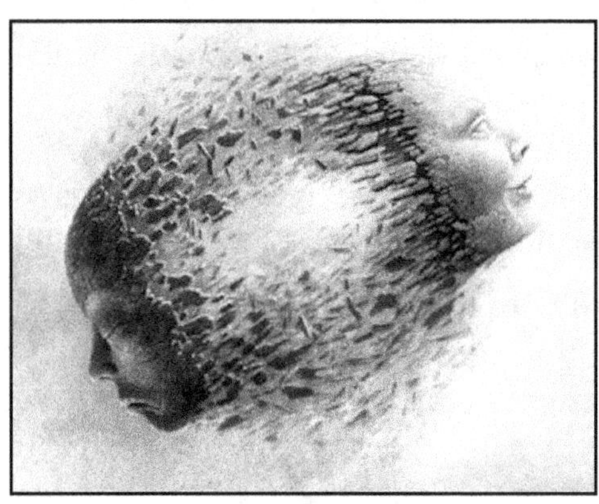

¿CÓMO USAR LA LEY DEL ESPEJO?

Existen **4 situaciones** muy comunes a todos, que si las comienzas a identificar en tu vida diaria, lograrás mantenerla como una excelente herramienta para tu evolución y crecimiento personal.

- **Similitud**: lo que te refleja el espejo en la otra persona es una parte tuya que te molesta, niegas, ocultas y no quieres ver. Lo que esa persona te muestra es tu lado oscuro, tu sombra.

  Necesitas trabajar sobre ello, aceptando es parte de ti para liberarlo y sanarlo. Cuando lo hagas automáticamente dejará de reflejarse en tu vida.

- **Opuesto:** lo que te refleja el espejo es lo contrario a ti, a lo que tú eres, y precisamente porque es todo lo contario es que te produce rechazo, te molesta y te irrita.

  Por ejemplo: si eres muy ordenado no soportarás a alguien desordenado. Si eres muy generoso no soportarás a alguien tacaño.

  Cuando esto ocurre, lo que te está indicando el reflejo, es que estás situado en un extremo en la vida. Como sabes ningún extremo es bueno y sólo cuando te centras encuentras el equilibrio.

  Tu trabajo entonces, consiste en buscar ese equilibrio. No ir a uno, ni al otro extremo de la polaridad que contiene en esencia cada cosa en este plano.

- **A terceras personas:** lo que te refleja el espejo es que algo que te están haciendo a ti, que te enoja y te irrita, porque tu no se lo haces a esa persona, tú no eres así. Pero si analizas bien, si amplias la visión te das cuenta de que sí estás actuando de esa misma manera, pero con otra persona. O sea, eso mismo que te refleja el otro tú lo estás haciendo con una tercera persona.

Por ejemplo: puede que en tu trabajo algún compañero se esté aprovechando de ti, mientras tú no estás actuando igual con él. Pero si te paras y amplias la visión descubres que te estás aprovechando de otra persona de tu entorno.

Tu trabajo aquí consiste en tomar consciencia de eso que estás haciendo a otras personas y transformarlo. De esa manera dejará de reflejarse en tu vida.

- **Expectativas o idealización:** el espejo te refleja tus expectativas con respecto al otro y te confronta con la realidad. Lo que te molesta del otro es que no sea como tú lo tienes idealizado. Quieres que esa persona sea como tú deseas, no como en realidad es. Disparando con ello la necesidad de controlar y cambiar a los demás.

El trabajo aquí consiste en aceptar la realidad como es. Dejar de controlar y querer cambiar a los demás. Aceptarlos tal y como son, no como a ti te gustaría que sean.

La naturaleza del universo es la coexistencia de los opuestos, como ya vimos. Esa polaridad o dualidad que se manifiesta en todo, la cual hay que aprender a integrar, iniciando así el proceso de convertirte en ti más plenamente.

Por ejemplo: no puedes ser sociable sin tener el ermitaño dentro, ni ser valiente sin el cobarde, o ser generoso sin el tacaño, y así con cada aspecto esencial de la vida, con sus dos caras totalmente complementarias.

El gasto de energía es muy grande cuando niegas tu lado oscuro, cuando no integras tu sombra. Estás todo el tiempo tratando de controlarla, de mantenerla oculta, no manifestándola y mostrando sólo la parte de ti que te parece agradable hacia la opinión de los demás.

Cuando esto sucede, sin ser consciente de ello, proyectas hacia afuera todas las características que niegas en ti, que rechazas. Eso trae como consecuencias relaciones con personas que no prosperan, que te traen sufrimiento. Sientes que una y otra vez atraes a personas equivocadas a tu vida, que repites constantemente el mismo patrón con distintas personas, y hasta en distintos ámbitos de tu vida.

Ahora sabes que el encuentro con personas que no te agradan es una gran oportunidad para aceptar esa faceta de ti que te disgusta. Las personas más evolucionadas son las que aceptan todo su potencial, tanto de luz como de oscuridad.

Esa naturaleza del Universo, de la coexistencia de los opuestos, es nuestra por el hecho de ser parte del todo, de pertenecer al Universo, ser parte de él y por lo tanto, compartir esa misma naturaleza.

Si eres capaz de ver en el espejo de tus relaciones, podrás empezar a ver tu ser completo. Ten en cuenta que las características negativas no significa que seas un ser imperfecto, por el contrario tener características positivas y negativas conviviendo dentro de ti te hace un ser completo.

Cuando compartes tiempo con una persona que se ha aceptado como ser completo, integrando luz y sombra, nunca te sientes juzgado. Y si aprendes de ello, puedes comenzar a curarte y sanar todas tus relaciones.

EJERCICIO:

Cuando te encuentres en una situación de enfrentamiento con una persona, que te dice palabras o tiene actitudes que para ti son desagradables, no las descartes. Tomate tu tiempo, anota lo sucedido y reflexiona el por qué de esa actitud hacia ti.

Anota las palabras que te ofendieron, tus emociones ante ellas, tu reacción, y luego busca esas mismas características y comportamientos en ti. Incluso si no las ves en ti, puedes preguntarle a alguien que te conoce mucho si tú tienes esas características o te has comportado de esa manera alguna vez o habitualmente. Te sorprenderás de lo que iras descubriendo.

Puede que te de vueltas en la cabeza varios días, pero seguro en un momento sale a la luz esa sombra propia que tienes que aceptar e integrar.

LAS CUATRO LEYES DEL ESPEJO

PRIMERA LEY

Todo lo que molesta, irrita,

enoja o quiero cambiar del otro,

está dentro de mí.

Por ejemplo: estás mirando a alguien o una situación y te molesta algo y piensas que de eso no hay nada en ti.

Si estás viendo una persona muy egoísta o tacaña y tu eres muy generoso, muy abierto. Esa persona te muestra lo opuesto, que crees que no tienes como característica, pero ya hablamos de ello y sabes que todo tiene una polaridad. En esencia es lo mismo, pero se muestra en grados totalmente opuestos.

¿Qué te enseña lo opuesto? Te muestra que te has ido hacia un extremo de la polaridad. En este caso te has ido al extremo en ser generoso. Y lo que te está indicando es que debes buscar el equilibrio.

También muestras tus expectativas y exigencias hacia los demás. Esa parte de control que ejerces, intentando cambiar al otro. Crees que debe responder a tus deseos, necesidades, etc.

Buscando el equilibrio logras estabilizar esa parte de ti que daba demasiado y a veces te sentías destinando demasiado tiempo a los demás y sin tiempo para tus necesidades. De esta manera dándole un poco de lugar al egoísmo, logras una vida más sana para ti, respetando tus deseos.

Esta ley incorpora la situación de lo opuesto y de la idealización que vimos antes.

SEGUNDA LEY

Todo lo que me critica, combate o juzga el otro,

si me molesta o hiere, está reprimido en mi

y me toca trabajarlo.

Por ejemplo: hay una persona que me critica todo y tú piensas como puede ser que esa persona me critique si yo no la estoy criticando a ella. Pero puede ser que tú no estés criticando a esa persona en particular, pero si lo estás haciendo con otra o contigo mismo, puedes estar siendo auto-crítico, exigiéndote constantemente. Abarca la situación de terceras personas.

El tema es que puedes sentirte aliviado cuando sabes que por lo menos no estás criticando a otros, sino que te lo estás haciendo a ti mismo. Pero es más dañino de lo que parece. Porque cuando criticas o molestas a otro, esa persona puede defenderse, pero cuando te atacas a ti mismo, ¿Quién te defiende?, no tienes esa posibilidad, ni siquiera la ves y sin darte cuenta te vas auto-destruyendo.

Pero siempre lo que no te gusta de otros está en ti. Analiza de qué manera estás utilizando esta primera ley y construye a partir de ella.

TERCERA LEY

Todo lo que el otro me critica, juzga,

o quiere cambiar de mi,

sin que a mí me afecte,

le pertenece a él.

Por ejemplo: hay una persona que te dice que no vales, que quien eres tú para hablar de tal o cual tema, y no te produce rechazo, ni te enoja. Quiere decir que has comprendido que eso que está juzgando en ti le pertenece a ella.

En estos casos surge más la compasión, el entender que el otro está pasando por alguna situación de desvalorización, no se ama, no se siente capaz y por tal motivo lo proyecta fuera de manera inconsciente.

Quédate con la paz que si no te afecta le pertenece al otro y si lo permite puedes ayudarle a verlo y hacerse responsable de ello.

CUARTA LEY

Todo lo que me gusta del otro,

lo que amo de él,

también está dentro de mí.

Reconozco mis cualidades en otros.

Por ejemplo: ves entrar una persona a un lugar y la admiras porque lo llena de energía positiva, alegría, etc. Te quedas pensando que te encantaría ser así.

Todo lo que te atrae del otro está dentro de ti. Son tus cualidades y se muestran para que las potencies. Es la parte de la luz que no dejas salir.

Cuando compartes tiempo con personas que admiras, que atrapan tu atención por sus aspectos positivos, te vas soltando y sin darte cuenta vas potenciando esas partes de ti que te hacen ser una mejor versión.

En conclusión:

Una vez puedes verte en los demás como reflejo de ti mismo, se vuelve más fácil establecer contacto con ellos, y a través de esa conexión, descubres la conciencia de unidad, del todo que manifiesta el Universo y los seres humanos como parte de él.

Este es el poder del espejo en las relaciones.

¿CUÁLES SON LOS BENEFICIOS DEL ESPEJO?

Descubres que no eres víctima de nada, ni de nadie. Que la causa de todo lo que sucede afuera, en tu vida diaria, está en ti.

De repente tus problemas se convierten en aprendizaje. Las situaciones molestas que otros te despiertan se convierten en el hilo del que tirar para sanar algo que necesitas sanar o para empezar a permitirte algo que no te estás permitiendo.

Cuando aplicas esta ley las puertas del auto-conocimiento se abren de par en par y entiendes que aquello que te irrita de los demás es algo tuyo que no estás viendo o no quieres ver.

Los demás sólo te reflejan algo que tienes que:

- Sanar

- Permitir

- Liberar

Que se encuentra dentro de ti, oculto, abandonado, sin que lo veas y le prestes atención.

Cuando haces el trabajo de buscar todo eso que está escondido o no quieres ver, el reflejo del espejo comienza a mostrarte una realidad diferente. No sólo tú te vas a transformar, el reflejo del espejo, tu mundo exterior también lo hará, y te parecerá mágico.

Descubres la sombra, todo lo que debes sanar y haces consciente lo inconsciente. Te vas liberando de todo aquello que te genera sufrimiento y no te deja avanzar.

Te alejas de los extremos que hay en la vida, de las polaridades, para dirigirte al centro, al equilibrio necesario para encontrar la armonía en todas las áreas de tu vida.

Encontrarás serenidad, sabiduría y paz interior.

Te darás cuenta que el mundo exterior tiene información muy valiosa para tu crecimiento personal. Que todo lo que quieras cambiar de alguien, aquello que te produce rabia o rechazo, en todo ello hay información para tu evolución.

En conclusión:

Tu trabajo es observar y reconocer cual de los reflejos se te presentan para poder trabajarlos, y así transformarlos y transcenderlos.

Sabes que si no lo haces la vida te los repetirá las veces que sea necesario, con situaciones similares hasta que tomes conciencia de todo lo que puedes sanar y liberar en ti.

Las personas que se presentan para que puedas ver y superarte son maestros de crecimiento. Son las que despiertan tu lado más oscuro, más negativo.

Ellas pueden ser:

- Una pareja que te saca de quicio

- Hijos que no te hacen caso y no te respetan

- Tu madre o padre que intenta dirigir tu vida

- Un jefe que no te valora

- Etc.

Ya deja de querer cambiarlos porque ellos son sólo un reflejo de ti mismo. Están cumpliendo el rol de mostrarte lo que debes hacer consciente para trascender.

Si tú no cambias, nada cambia. De esa manera seguirá estando el mismo reflejo en tu vida.

SE SABIO: LA INFORMACIÓN QUE LLEGA DEL EXTERIOR UTILIZALA PARA TRANSFORMAR TU INTERIOR.

EJERCICIO:

Haz la prueba con este ejercicio. Date tiempo para pensar, reflexionar y realmente realizar los cambios en tí, necesarios, que te refleja la otra persona.

Escoge alguien de tu entorno cercano (padre, madre, pareja, amigo, hijo, etc.) que te refleje alguna de las situaciones antes explicadas.

Por ejemplo: Similitud.

Comienza a trabajar eso que te molesta del otro en ti y luego ve observando como esa persona deja de hacerlo, deja de actuar de esa manera y cambia.

Como ya sabes, no es un cambio de esa persona, sino una transformación en tu interior que se refleja fuera de esa forma modificada, más positiva y armoniosa.

"TODO EMPIEZA Y TERMINA EN TI"

**¡¡¡HAZ QUE SUCEDA. CREE EN TU PODER
INTERIOR Y HAZLO REAL PARA TI.
TODO TU MUNDO CAMBIARÁ Y PODRÁS
VERTE CONSIGUIENDO SUEÑOS!!!**

**CONFÍO EN TI, SOLO FALTA QUE
LO HAGAS TÚ, LA PERSONA
MAS IMPORTANTE DE TU VIDA.**

ES TU MOMENTO

VAMOS A VER COMO ESTA TU PROPIA ESTIMA

Habiendo visto ya el tema de la sombra, la proyección y el espejo, fundamentales para el auto-conocimiento, deseo introducirte en observar y evaluar cómo se encuentra tu autoestima.

A partir de aquí quiero que te revalorices y reconozcas el ser maravilloso que eres y todo lo que puedes conseguir cuando realmente te reconoces y te amas.

Para poder brindar amor, primero debes amarte a ti mismo, si es que no quieres frustrarte en esa área de tu vida.

La autoestima tiene mucho que ver con ello. Vamos a abordarla, porque sé que se habla mucho sobre ella, pero esta vez te encuentras en un punto de coherencia, sanación y liberación diferente gracias al conocimiento y aplicación de lo expresado hasta ahora.

Cuando hablo de estos temas toco mi fibra íntima, porque todos estos procesos los he vivido en carne propia y no han sido rápidos, ni fácil.

Como te conté antes, pasé de ser una persona totalmente tímida, callada, desvalorizada, creyendo que nada podía resolver, que mis pensamientos u opinión nunca aportaban nada interesante; a llegar a este punto de compartir contigo y con cada una de las personas que lea estos libros y se comunique conmigo, con el objetivo de lograr lo mismo o más de lo que hasta ahora he conseguido.

Sabiendo que soy quien he venido a ser y no me lo permití antes porque no lo vi, nadie me enseño y obvio, estaba dormida.

Hoy soy una persona diferente a aquella que describí al principio. Le doy permiso a mi esencia de actuar, me explayo en todo lo que considero que superé en forma personal y busco ayudar a quien lo necesite, de la misma forma que lo necesité yo en su momento y llegaron libros y personas a mi vida para guiarme en el camino de transformación.

Mi autoestima cambió rotundamente y sigo aprendiendo todo el tiempo más y más para poder aportar a los demás lo mejor de mí. Mientras sienta que estoy cumpliendo con ese propósito estaré cómoda y en paz con lo que soy.

Bueno, vamos a continuar con el tema. Sé que después de esta lectura y aplicación notarás cambios totalmente positivos que te harán sentir mucho mejor contigo mismo, para luego brindarte a los que amas, cambiar tu mundo, y por consecuencia o efecto cambiar el de ellos si desean abrirse al igual que lo hiciste tú. No puedes obligar a nadie, pero si ven resultados en ti seguramente vendrán solos a preguntar qué fue lo que hiciste.

¿QUÉ ES LA AUTOESTIMA?

Es el concepto que tienes de tus capacidades y el potencial con el que cuentas. No se basa sólo en la forma de ser sino también en las experiencias a lo largo de toda tu vida. Lo que te ha pasado, las relaciones que has tenido con los demás, las sensaciones que has experimentado; todo influye en tu carácter o personalidad y por lo tanto en la imagen que tienes de ti mismo.

Ese auto-concepto de ti mismo es lo que se denomina autoestima.

Deriva de la comparación subjetiva que haces de ti frente a los demás. Así como lo que te dicen sobre ti y las conductas que tienen hacia ti.

También los éxitos y los fracasos influyen en la forma en la que te valoras, ya sea positiva o negativa.

Estudios realizados por expertos de la Universidad de Berna (Alemania), han descubierto como varía durante los años y cuál es la edad en que mejor nos sabemos valorar.

La autoestima comienza a crecer a partir de los 4 años, pero tarda mucho más en llegar a su punto álgido.

Según el trabajo, en el que se han analizada 331 ensayos sobre el tema, que incluyen datos de 164.868 personas desde los 4 hasta los 94 años, es cuando cumplimos 60 cuando los pensamientos positivos que tenemos sobre nosotros mismos están en su punto más elevado. Además suele mantenerse a lo largo de esa década.

El primer cambio sustancial que notaron los científicos ocurre cuando tenemos entre 4 y 11 años, que es cuando empieza a crecer nuestra autoestima. A partir de ese momento, cuando entramos en la adolescencia, la curva se estabiliza y se mantiene constante hasta los 15: "al contrario de lo que se ha supuesto durante mucho tiempo, la mayoría de los jóvenes no tienen una baja autoestima durante esa etapa", aclaran los expertos.

Durante los siguientes años de vida, hasta los 30, vuelve a crecer de manera considerable y sigue haciéndolo hasta llegar a su momento más alto, a los 60, aunque con menor intensidad. Pasada esa década, cuando cumplimos 70, nuestra autoestima comienza a mermarse y lo hace por el resto de nuestra vida, sobre todo después de los 90 años. Algo que los científicos adjudican a vivencias de la vejez como la jubilación, la pérdida del papel social, la soledad y posiblemente la viudez.

"Entender cómo se desarrolla la autoestima a lo largo de la vida es relevante porque se trata de algo que realmente importa en el día a día de las personas.", concluye la investigación.

"La evidencia demuestra que tiene un impacto importantísimo sobre nuestra vida. En particular sobre el éxito y el bienestar que rigen nuestras relaciones sociales, la educación, el trabajo o profesión y la salud mental y física", apuntan los expertos.

Teniendo en cuenta estos estudios, ya sabes que es normal que la misma fluctúe, pero a medida que vas avanzando en la vida, las experiencias, las capacidades y habilidades incorporadas te refuerzan la autoestima. Los errores o fracaso tienen que servirte para ello, eres más sabio, ahora sabes que no debes volver a repetir y constas con esa información que antes no tenías.

Lo maravilloso de esto es que abarca todos los ámbitos de tu vida.

Las experiencias aprendidas en el área de las relaciones con otras personas, ya no sosteniendo aquellas que no acompañan tu crecimiento, comenzando a soltar y dejar entrar aquellas que te suman en tu vida y te hacen más agradable el camino de la evolución personal.

Las enfermedades que has experimentado y como actúas ante ellas también son un aprendizaje, y si comienzas a ser el que dirige tu cuerpo, manteniendo una buen manejo de las emociones y pensamientos para estar consciente de los síntomas y revertirlos, ya estarás en un punto de mayores capacidades adquiridas para que tu autoestima y confianza propia se mantengan.

A nivel económico, en el trabajo, en lo profesional o con tu propia empresa es lo mismo. Todas las veces que fallaste te sirvieron para aprender y las que realizaste con buenos resultados te ayudaron a seguir adelante. Permitirte felicitarte y premiarte por ello te hace más seguro de ti mismo, y más habilidoso a la hora de resolver nuevos problemas.

En todas las áreas de la vida donde pones tu atención

crece. Lo ideal es que ante cualquier problema pongas tu energía y enfoque en la solución, porque si lo colocas sobre el mismo problema este crece y se dificulta su solución, por ende te crees incapaz y tu autoestima baja.

No somos seres perfectos, pero si tenemos la habilidad de observar, analizar y llegar a una resolución, mediante la decisión tomada en el caso en particular, para crecer como seres pensantes y emocionales que se relacionan constantemente. Pon el foco en ti y en tomar todo aquello que te ayude a avanzar en la vida, el resto descártalo.

¿EN QUÉ NIVEL TE ENCUENTRAS?

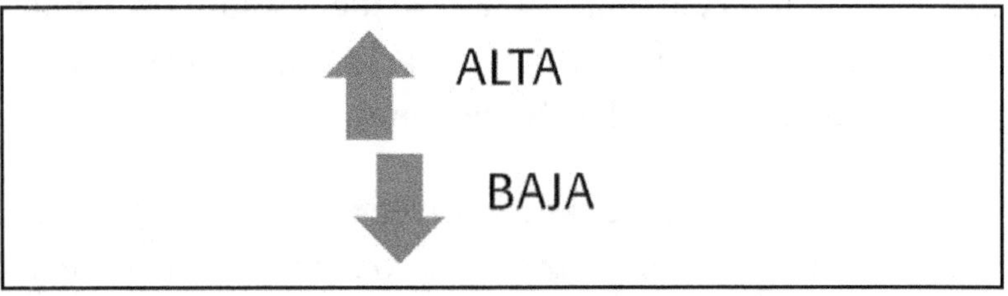

Características de una persona con autoestima baja:

- es una persona insegura

- desconfía de sus propias facultades

- no toma decisiones por miedo a equivocarse

- necesita la aprobación de los demás

- tiene muchos complejos de inferioridad

- tiene una imagen distorsionada de sí mismo, tanto en lo físico como en su valía personal

- son generalmente personas tímidas

- le cuesta hacer amigos nuevos

- está pendiente de lo que opinan de él

- tiene miedo al rechazo, a no ser aceptado

- tiene miedo a ser juzgado mal, a ser abandonado

- manifiesta dependencia afectiva, ya que no se quiere lo suficiente para valorarse positivamente

- se siente deprimido ante cualquier frustración

- evita tener proyectos o los abandona a la primera dificultad que se le presenta.

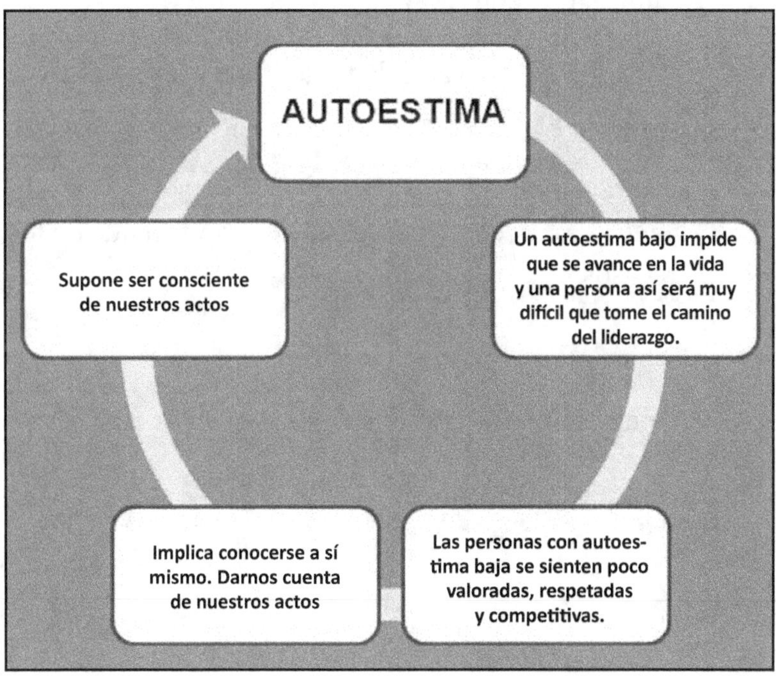

Características de una persona con autoestima adecuada o alta:

- posee una visión de sí mismo y de sus capacidades realista y positiva

- no necesita la aprobación de los demás

- no se cree ni mejor, ni peor que otros

- muestra sus sentimientos y emociones con libertad

- afronta nuevos retos con optimismo

- intenta superar el miedo

- asume su responsabilidad

- se comunica con facilidad y le satisfacen las reuniones sociales

- valora la amistad y tiene iniciativa para dirigirse a la gente. Sabe aceptar las frustraciones y aprende de los fracasos

- es creativo e innovador

- le gusta desarrollar proyectos

- persevera en sus metas

En esta imagen pretendo mostrarte la diferencia entre lo que es y que compete una autoestima adecuada, y una mala creencia de autoestima alta o elevada, llevada ya a lo que ya no se considera autoestima sino narcisismo.

No debes confundirte a la hora de buscar tu crecimiento personal, son totalmente diferentes y aunque en ambas te concentras en ti, una implica miedos y debilidad y la otra esfuerzo, capacidad y valores teniendo totalmente en cuenta que vivimos en sociedad y en relación constante con el otro. Crece y ayuda a crecer a tu entorno. Recuerda que todos estamos conectados, así que el egoísmo y la falta de empatía nunca te llevaran hacia la evolución.

TRUCOS PARA ELEVAR TU AUTOESTIMA

Sabiendo que tú eres el responsable de ti mismo y todo lo que sucede en tu vida, debes colocar en primer lugar lo más importante para avanzar: **TÚ**.

La aceptación de ti mismo tal y cómo eres, destacando tus fortalezas, tus zonas positivas y potenciando lo que notas como debilidad o negativo en tu personalidad. Hoy sabes que si integras lo que hace tiempo vienes negando y ocultando de ti, como ser, te fortaleces.

Los demás están ahí para reflejarte partes de ti, aprende de ello para elevar tu autoestima, para amarte como cuando llegaste a este mundo, incondicionalmente sin cuestionarte nada.

Arriba autoestima

No te quejes: el hecho de aceptarte y quererte más está en tus propias manos, no en la de los demás. En tu mente debes cambiar el auto-concepto que te diste para poder conjugarlo con tu interior, que sabe lo que realmente vales. De esta forma lograrás potenciarte al máximo.

Acéptate: tal y cómo eres, tus cualidades y tus defectos. No reniegues de ello, y lo que desees cambiar para evolucionar sabes que sólo tú puedes hacerlo. Ya cuentas con muchas herramientas que están a tu disposición como recursos para lograrlo. Encuentra aquellas que te despierten interés y vibren contigo.
No busques la perfección, nadie es perfecto. Evoluciona y mejora sabiendo y aceptando que pueden

existir errores, fracasos; pero que todo es aprendizaje. No dejes de permitirte las oportunidades para crecer y sentirte seguro de ti mismo.

Ten más sentido del humor: no le otorgues tanta importancia y seriedad a las cosas que no lo tienen, ni a los comentarios de los demás. Muchas veces nos hacemos un mundo de ciertas circunstancias innecesariamente.
Desvaloriza el problema y sólo céntrate en la solución. Todo lo tienes mientras estás en esta vida.
Toma los problemas con cierto humor. Incluso si te ríes de ellos pierden el valor que le has otorgado en un inicio. La risa eleva la vibración y te hace sentir más seguro. Utilízala diariamente y verás los resultados.

Préstate más atención: dedícate tiempo, haz aquello que te gusta y te hace sentir bien. Otórgate momentos para ti. Celebra y prémiate cada vez que consigues una meta o logras algo. La recompensa a un esfuerzo o cambio positivo lo refuerza.
Felicítate por todos tus logros por más pequeños que sean en un inicio, pasado un tiempo mirarás atrás y verás todo lo conseguido.

Simplifica: haz simple tu vida dirigiéndote hacia tus objetivos realmente valiosos para ti. Dedicándote a ellos sin miedo, enfocado, poniendo toda tu energía allí, sin escuchar las opiniones de los demás.
Eres tú persiguiendo tus sueños y acercándote a ellos, convirtiéndote en el camino, en la mejor versión de ti mismo.

Cada día y noche en esa maravillosa aldea te parece un sueño. Llama poderosamente la atención el hecho de la falta de violencia, son muy unidos, y aunque se producen discusiones por puntos de vista diferentes no llegan a la agresión, sino que hablan frente a frente para llegar a un acuerdo.

Tienen una mente y corazón abiertos, están acostumbrados a escuchar y comprender al otro. Así que en esos momentos que se pone difícil la situación, frenan, se sientan mirándose a los ojos y comienza el intercambio de puntos de vista de la situación. Desde que estás ahí no has presenciado que ese ritual termine mal. Por el contario, se abrazan y todo vuelve a la normalidad, que en este caso es paz y armonía.

Últimamente estás muy reflexivo, ya no estás alterado como en el inicio de viaje, el cual comenzó con toda tu furia, ese fue el real impulso. Ni tampoco te sientes parecido a los días pasados en la isla sanando tu interior, recordando y perdonando a cada persona, incluso a ti mismo. Amigándote con el Universo, con el cual llevabas la mayor parte de tu vida desconectado por sentir que te había fallado.

Recuerdas, y no fue hace mucho tiempo, pero a veces te parecen siglos, que pasabas rápidamente de un estado a otro. De sentirte decaído y llorar, hasta sentir que algo se avivaba en tu interior y tu ánimo y energía cambiaban mágicamente.

Hoy experimentas un estado más pacífico. Tal vez por las personas que te rodean actualmente, o tal vez porque hiciste los procesos necesarios en soledad y ahora te toca otra parte, la del compartir, como todo grupo social y ver que despierta en ti. Que aprendes y que enseñas. Ese vaivén tan bonito como bailar al ritmo de la música, suelto, dejándote llevar, flotando, volando, siendo libre. Siendo tú sin cuestionamientos propios, ni de terceros.

Síí...esa es la palabra. Así te sientes:

¡¡¡Libre!!!

Los pasos que vas dando sin dudas se han convertido en un camino hacia una mejor versión de ti. Lo sé porque si estás leyendo ahora mismo es porque has notado los cambios entre la persona que eras al tomar el primer volumen y ahora que ya vas por el tercero. Si no es así y comenzaste por aquí, te recomiendo que sigas el orden para realizar el proceso de forma adecuada, con la información de los libros anteriores ya comprendidas.

Intento no repetir, por eso lo que comparto en los otros dos libros son relevantes para llegar hasta aquí y ver tus propios avances.

Vamos a zambullirnos en un tema bastante relevante para que sigas creciendo y encendiendo más y más tu chispa interior.

¿Crees en ti?

¿Cómo está tu confianza propia?

¿Te sientes seguro?

¿Tomas decisiones sin dudar mucho?

La respuesta a todas estas preguntas tienen que ver con:

LA CONFIANZA

Es una palabra pasada por alto muchas veces. No solemos hablar de ello hacia nosotros mismos. Generalmente la utilizamos para lo externo. O sea, estamos concentrados en ver que, de todo lo que nos sucede y nos ofrecen fuera, nos produce confianza. Es algo que el exterior debe brindarnos.

Depende de ello que nos sintamos confiados o no.

¿Cuál es la definición de confianza?

"Esperanza firme que se tiene de algo o alguien".

Y aquí seguimos poniendo el acento en el exterior. Dependiendo de ello, de personas o situaciones. Hace referencia a seguridad de aquello que podemos esperar de algo o alguien. Que la otra persona no representa una amenaza, es decir "es como yo, o es de los míos".

Seguro has escuchado frases muy típicas como:

"La confianza se gana con mil actos y se pierde con uno sólo"

La confianza está definida como una creencia, como una opinión que tienes de algo o alguien. De acuerdo a la ida y vuelta, el dar y recibir, involucras sentimientos que te llevan a confiar o desconfiar de otros.

Tú ya sabes que no dependes de otros, tú eliges en que confiar y en que no. Para no sentirte defraudado, engañado, inseguro y tenso, lo primero que debes trabajar es tu propia confianza. Sin confianza interna lo que suceda fuera de ti, lo que atraigas no va a ser nada bueno.

Ya sabes que vibraciones similares se juntan y vibraciones diferentes se repelen, se separan.

Lleva esto a tu nivel de confianza. ¿Qué piensas que sucederá si tu confianza es nula o muy baja? ¿Crees que tendrás buenas relaciones? ¿Qué atraerás personas llena de confianza que te ayudarán a crecer? ¿O tu entorno y amistades se la pasarán hablando de los sucesos malos que viven, los engaños y demás, que generarán más y más niveles bajos de confianza en ti?

Párate un momento a analizar estas preguntas. Te pido que seas fiel a ti mismo si quieres evolucionar. Piensa que estamos hablando de ser mejor con la convicción que es la única manera de lograr tus sueños, prosperar y ser feliz.

Sabes que en el momento que comiences a mejorar tu confianza esas personas que te mantenían en el mismo nivel que ellas comenzarán a reñir contigo, a cuestionarte y hacerte sentir mal. Pero tú no lo vas a permitir, estás en proceso de amarte, de brillar y ser quien viniste a ser. No permitas que ahoguen tus sueños y decide por ti. Te aseguro que si te plantas en ello te seguirán las personas que entiendan que no es por egoísmo, sino por amor, amor propio para luego brindar a los demás

Contagiar y compartir cuando eres una persona sana, saludable mentalmente y libre de elegir, es amor. El resto, estar acompañando y limpiándole las lágrimas todo el tiempo al otro, sostener su victimismo, para nada es amor. Y lamentablemente estamos acostumbrados a que nos digan que eso es lo bueno. Nada más errado.

El amor es fuerza, no debilidad. Es darle la mano al otro para subir de escalón, no para que el otro te baje varios escalones que te han costado subir, y menos para que te hundas. Si el otro no ve tu ayuda para crecer, suéltale la mano, no dejes que te arrastre. Ya llegará su momento adecuado. Tal vez más adelante en el tiempo vea todo lo que creciste, todo lo que conseguiste y recurra a ti en busca de ofrecerte su mano para que lo ayudes a avanzar. Eso es generalmente lo que sucede. Ven los resultados y ahí recién creen en ti.

La confianza existe entonces en dos ámbitos, el interno y más importante (en ti mismo) y el externo (en el entorno).

Te presento un cuadro para poder observar la combinación entre ellos, ya que se dan simultáneamente, sólo por el hecho de ser seres sociales.

Pero nunca pierdas el foco en la más importante que es la confianza interior, ya que a partir de ese punto podrás tener las capacidades y habilidades para desarrollar y manifestar, en tu entorno, la confianza necesaria para evolucionar.

	CONFIANZA EXTERNA	DESCONFIANZA EXTERNA
CONFIANZA INTERNA	Estado de seguridad, sin tensiones, ideal para el crecimiento personal	Estado de alerta, tensión constante.
DECONFIANZA INTERNA	Estar a la defensiva. Se oscila entre momentos de relajación y tensión.	Estado de miedo. Se activa la respuesta atacar/huir o quedarse paralizado por falta de recursos.

Vamos por un ejemplo que siempre ayuda a entender más las situaciones, en este caso de confianza.

Como ya vimos, la confianza en el entorno es un reflejo (recuerda la ley del espejo) de tu propia confianza interna. Entonces, si estás frente a un león tu reacción será huir o paralizarte de miedo (desconfianza interna y externa). Pero ¿Qué sucedería si eres un domador de leones? Tus habilidades y capacidades serían otras y esa confianza te haría actuar diferente, confiando en tus recursos (confianza interna/ desconfianza externa).

Por lo tanto, en una misma situación tu reacción va a ser diferente de acuerdo a tu propia confianza en tus habilidades, y eso lo cambia todo. Si quieres seguridad, crecimiento y evolución personal debes centrarte en acrecentar tu confianza.

Pregúntate:

¿Qué habilidades necesito desarrollar para confiar más en mi?

¿Cómo puedo sentirme en confianza ante tal situación o persona?

¿Qué necesito aprender para ser más seguro de mi mismo ante los distintos ámbitos de mi vida?

Las respuesta a estás y más preguntas que puedan surgirte, de acuerdo con tus experiencias actuales o que planifiques para un futuro, tienen que empujarte a buscar, encontrar y entrenarte para superar tu propia desconfianza, miedo y desvalorización. En consecuencia lo que suceda fuera de ti se reflejará tal cual tus avances.

Compartiré contigo la pirámide de Maslow, o jerarquía de las necesidades, es una teoría psicológica propuesta por Abraham Maslow, donde se muestran las necesidades que todo ser humano tiene sobre la motivación que impulsa la conducta.

Verás que las más comunes son necesidades básicas y que a medida que vas subiendo en la pirámide te encuentras con las más relevantes y a las que todos deseamos llegar: la necesidad de autoestima, confianza, respeto, autoconocimiento y las de auto-realización.

Esta teoría dice mediante el gráfico, que el ser humano una vez que satisface un nivel de necesidades, luego tiende a ir hacia el nivel superior. No obstante eso es general, porque depende cada individuo y su escala de valores. Si decides conformarte y mantenerte en tu zona de confort, incluso bajar de nivel y tolerarlo o te dedicas a la búsqueda del progreso constante avanzando de nivel hasta llegar al punto más alto de la pirámide.

Mi intención, y estoy seguro que la tuya también, es la del progreso. Sabes que allí radica la felicidad, en el logro de metas y en seguir avanzando constantemente por ti mismo y, en consecuencia, por tu entorno más cercano que te verá y querrá contagiarse de tu entusiasmo.

ALGUNOS TIPS PARA ACRECENTAR LA CONFIANZA Y SEGURIDAD EN TI MISMO

Antes que nada, quiero decirte que cuando llegaste a este mundo, cuando naciste eras un ser totalmente seguro y la confianza interna era absoluta.

Lamentablemente la falta de confianza es aprendida. Si, aunque cueste creerlo, mira tus experiencias pasadas y seguro encontrarás varias situaciones que así lo demuestran.

Esas situaciones aprendidas son las que te llevaron a no creerte capaz, a desvalorizarte y no mostrarte tal cual eres por miedo a no ser aceptado por los demás. Hemos aprendido que es lo que está bien y que está mal en la sociedad que creciste. Y de acuerdo a ello entras en un molde u en el otro. Nos enseñaron de esta manera a seguir al rebaño, porque si eres una ovejita negra no vas a ser aceptado o querido y te verán raro.

Déjame decirte que nada más alejado a eso. Porque de esta manera nos volvemos seres controlados por otros. Sin coherencia interna, actuando para el afuera, usando la máscara adecuada para el momento y llegando a casa con la tristeza que provoca no ser quien realmente eres.

Ser seguro y tener confianza propia no implica que seas malo. Eso es un invento humano y totalmente destructivo. Si miras quienes son los que triunfan y logran sus sueños, se trata de personas íntegras y fieles a sí mismas. No se parecen a nadie, brillan y contagian su luz. Sin embargo nunca logran agradar a todos, eso es imposible, siempre vas a tener personas que te quieren y otras que no. Y eso es totalmente normal.

Lograr que todos te quieran es una necesidad imposible de cubrir y está bien que lo hayas experimentado de niño, pero ahora, ya adulto libérate de esa presión que no existe. Cuando te valores tendrás a tu lado las personas que realmente inspiren tu confianza, y te aseguro que son las únicas verdaderamente importantes en tu vida para seguir adelante.

😊 Aprende amar tus imperfecciones. Eso es lo que te hace a ti único. Si el resto de las personas habla mal de ti significa que es bueno, porque te destacas, no sigues al montón. Es mejor tener gente que hable sobre ti que no tener a nadie nombrándote. Si hablan, así sea para criticarte, quiere decir que estás haciendo las cosas bien. Celebra ser tú, ser diferente, ser único y amarte.

😊 Las personas siempre hacen o dicen cosas. Que eso no te afecte. Siempre va a suceder y como vimos en el espejo, muchas veces no es contigo el problema sino con ellos mismos. Tú solo toma el aprendizaje de ello y no las palabras exactas que salen de su boca cuando te critican. Seguramente esas críticas son hacia ellos mismos y las proyectan fuera.

😊 Deja de preocuparte y permitir que los miedos te paralicen. Llénate de información sobre lo que deseas hacer y adquiere habilidades para asumir el riesgo. Dale a tus sueños la relevancia que tienen para ti. El resto que opine, porque lo van hacer, y está lleno de todologos (opinan sobre todo) sin resultados. Sólo toma la opinión y la guía de aquellos que te demuestren y te enseñen como lo consiguieron. Persigue el éxito teniendo en claro que vas a pasar por experiencias tanto positivas como negativas, pero que de todas ellas vas aprender.

No tengas miedo o vergüenza de pedir ayuda a personas que han pasado por lo mismo y lo han superado. Hay mentores en todas las áreas, recurre a ellos por información y para moldearte, camino a los logros que anhelas. Retroaliméntate de la información y de las críticas de esas personas que ya tienen resultados. Deja ya de tomar medidas de precaución por todo, porque de esa manera los resultados nunca van a ser los que quieres. Arriésgate.

Celebra a las personas que ya lograron lo que tú anhelas. El Universo es infinito y hay para todos. Nadie te está quitando tu lugar porque cada uno es único. Debes alegrarte de los logros de los demás, ellos te están abriendo camino. Ya hay alguien que lo logró y eso indica que tú también puedes lograrlo, y si nadie lo logró, hasta ahora, puedes ser tu el primero. Si te fijas siempre existió una primera persona en todo y luego otras siguieron y hasta superaron ese sueño, anhelo, logro, meta, como quieras llamarlo. Las infinitas posibilidades están disponibles para ti como para todos los seres humanos.

HAZ QUE VALGA LA ALEGRÍA TU EXISTENCIA EN ESTA TIERRA. VALÓRATE, CONFÍA EN TI MISMO Y VE POR LO QUE QUIERES.

Dame tu mano y acompáñame en las siguientes páginas para seguir creciendo y avivando tu llama interna...

TÚ:
¿TE AMAS?

Y ESO: ¿QUÉ SIGNIFICA?

Es verdad que nadie nos ha enseñado tal cosa, ¿no?

Vayamos a lo principal: cuando tomas consciencia que la única relación que vas a tener desde que naces hasta el día de tu muerte es contigo mismo, comienzas a preguntarte, a indagar y descubres que probablemente nunca te relacionaste contigo.

Nadie te enseño o te dijo que primero debías construirte a ti para luego dar lugar a las personas que amas y dejar entrar a esa construcción interna, protegida y sustentada por cada experiencia y cada año vivido.

Dite la verdad, ¿Qué guardas dentro tuyo, como vives tu día a día, tu presente?

La respuesta a esta pregunta dice mucho de ti. Sabes que los que estamos fuera podemos verlo, porque eso es lo que aprendimos como habilidad. A mirar al otro y enseguida definirlo, etiquetarlo, darle consejos para solucionar un problema. Incluso se nos hace más simple ver los caminos a seguir cuando queremos ayudar a otro, pero nuestra vida es un verdadero desastre. O sobre lo que opinamos justamente, en nuestra vida está patas para arriba.

En esta sociedad en la que vivimos, somos ciegos y no queremos ver los errores que estamos cometiendo. Solo vemos y remarcamos los de los demás. Cuantas veces nos llenamos la boca de habladurías como si nuestra vida fueran nuestros sueños hechos realidad, mostramos algo afuera que no somos, y luego en casa, y en soledad nos sentimos deprimidos, sin ganas de nada, sin sentirle el sabor a la vida.

De esta manera, ese disfraz que nos ponemos para salir a la sociedad, nos va apagando poco a poco y volviéndonos personas desconocidas, que llegado un momento nos cuesta horrores encontrar una mínima chispa de lo que éramos en épocas más coherentes, y por lo tanto más felices.

Si estás siendo una persona, sonriente y positiva en compañía, pero llegas a casa y sólo vives de recuerdos, del pasado, de lo que pudo haber sido y no fue, o de cómo hubiese sido si hubieses actuado diferente, en definitiva estas mintiéndote a ti mismo y a los demás.

Pero ahora mismo lo importante y relevante es como te tratas a ti mismo. Porque como vimos en el espejo-reflejo, así te tratarán los demás. No hay vuelta que darle a ese tema, es así, te lo aseguro. Si no me crees comienza a mirar situaciones en las que te han mentido, maltratado, engañado, desvalorizado, agredido, etc., ponte analítico y piensa como te tratabas tú en esos momentos. Fíjate si esas mismas situaciones que creías que te estaban haciendo no eran el reflejo de lo que tú te estabas haciendo a ti mismo.

Sé que a veces se hace difícil comenzar a verlo de esta manera, como es realmente. Porque tu mente viene acostumbrada a manejar todo desde otra perspectiva, de creer que lo de afuera es lo importante y lo que hacen los demás te lo hacen a ti por una cuestión de maldad, de hacerte daño, etc.

Para hacer el trabajo de mirarte y comenzar a amarte es imprescindible que sueltes esas creencias. Y si no, mira a donde te han llevado. No vas a perder nada con intentar el cambio de perspectiva, que es de adentro hacia afuera. Centrarte en lo que piensas, sientes y haces para encontrar una coherencia verdadera, sólo puede traerte cambios afuera que al principio te pueden asustar un poco, pero si continúas llegarás a tus mayores logros, sin dudas.

Cuando eres tú mismo, te aceptas, te respetas y por lo tanto te amas, vas atraer lo que siempre deseaste. Porque la chispa en tu interior se enciende y crece, y toda persona que brilla llama la atención de otras iguales o que se quieren contagiar de tu llama. Llegará un punto de esa evolución que ya no tendrás personas mal intencionadas tratando de bajar tu autoestima, haciéndote sentir mal, y si aparece alguna por ahí ya no te afectará.

Seguro estarás pensando:

- ¿Y cómo hago esto, como lo consigo?

Si realmente has hecho los ejercicios de los libros anteriores, sin dudas te puedo decir que ya has avanzado bastante. Si no es así, regresa y realízalos. Son relevantes para llegar a este momento.

Ya con la información necesaria, con la limpieza de todo lo que te mantenía estancado, ahora estás en una etapa totalmente preparado para llenar tu interior de lo realmente importante, la valoración por ti mismo.

Por si alguien no te lo dijo: vales mucho. Eres un gran tesoro para el Universo y por eso estás aquí. Así que toca hacerle honor a ello.

Llegó el momento de vincularte contigo mismo, no importa la edad que tengas, siempre el momento en que se te presenta la oportunidad es el adecuado. El Universo siempre te regala oportunidades para que avances, para ser mejor, pero tú eres el único que puede entrar en acción, y esa es lo que el Universo espera que hagas ante ellas. Cuando lo haces obtienes tu premio.

La manera de vincularte contigo mismo es de misma forma que lo harías con una persona que amas y respetas mucho.

Hay una cierta dinámica que puedes observar siempre. Cada vez que te alejas de ti, que no te amas, sin darte cuenta comienzas a buscar el amor afuera. Se presenta una necesidad, un vacío que otra persona tiene la obligación de llenar en ti.

Se generan expectativas sobre lo que pretendes que esa persona te brinde, sobre lo que crees que debe ser y hacer para ti. Pero no sólo se pone en juego tus expectativas hacia el otro, sino que tu también comienzas a adaptarte para agradar y conquistar ese amor, que dices no tener, y creer que la otra persona cubrirá.

En ese juego, te vendes, comienzas hacer concesiones, muchas acciones incoherentes contigo, pero todo vale para agradar a los demás.

Por ejemplo: haces favores que realmente no quieres hacer, vas a lugares que no quieres ir o donde no te sientes cómodo, te pones una máscara con la única finalidad de que esa o esas personas te amen y cubran esa parte que sólo debía ser cubierto por ti.

¡Esto nunca, pero nunca funciona!

Cuando haces eso solo atraes a personas que te abusan de ti, que son desagradecidos, te maltratan o te desvalorizan.

¿Por qué? Simplemente porque te están reflejando tú falta de amor, de valoración, tu dolor, tu maltrato. Te estás moviendo desde la carencia y eso mismo atraes a tu vida. Estás reflejando el: "Me falta y necesito que me quieras". Si todo el tiempo buscas con acciones: "por favor, queréme, amáme", vas a conseguir todo lo contrario. De hecho las personas terminan alejándose de ti porque consigues que se sientan mal en tu compañía. A nadie le agrada que le estén mendigando.

Recuerdas lo de vibraciones similares se atraen y vibraciones diferentes se repelen, bueno, eso es en todos los aspectos y áreas de tu vida. Si te falta amor propio, la vida, el Universo, va a enviarte a personas que te lo hagan ver, y lamentablemente es sufriendo como lo descubres.

Todas las personas pasamos aunque sea una vez en la

vida por esta situación.

- Es lo que hace un niño para llamar la atención de los padres, de los adultos de su entorno, siempre buscando la aprobación del otro, y de esa manera sentirse amado.

- También lo hace un adulto que hasta el día de hoy no aprendió que primero tenía que amarse a sí mismo, para luego poder amar a los demás.

De cualquier manera, como ya he repetido, la vida te hará pasar por situaciones similares de insatisfacción, de fracasos, de dolor, etc. Te va a obsequiar muchos ejemplos para que te des cuenta que no te estás amando.

Así surgen las relaciones falsas, sostenidas de un hilo, aguantando a que en algún momento exploten. Porque eso no es amor, es dependencia. Y ninguno que forme parte de relaciones de este estilo puede ser feliz.

Cuando uno se va reconociendo, encontrando a sí mismo, reconciliándose con sus sueños propios es cuando muchas relaciones de pareja, o amistades y hasta familiares se cortan. Eso no debe ser motivo para detenerte, excepto que quieres vivir siempre a la sombra de alguien más y enterrar tus sueños y deseos, que es más o menos lo mismo que decir que estás muerto en vida.

Pero si tú has llegado hasta aquí, eres de los que se superan y persiguen sus sueños. Los lograrás uno a uno, accionando para ir sobre ellos y dejando atrás, sin peso, todo lo que te detenga o lo intente.

Ya no más permitir a otros que tomen decisiones por ti, eres el único responsable de tu ahora, de este instante y por lo tanto de lo que vendrá en el futuro. Ya sabes que hoy estas sembrando las semillas de lo que cosecharás más adelante, así que fíjate bien que es lo que eliges para que germine, crezca y de el fruto merecido.

Sentado observando la naturaleza, conectándote con ella ves pasar un niño que ha llamado tu atención varias veces. Es muy raro verlo siempre serio, con la mirada perdida y hasta triste. Lo has visto disimulando ante los demás, pero cuando cree que nadie lo ve, su rostro cambia.

Ese niño ha llamado tu atención porque te recordó a ti de pequeño. Te das cuenta que él también siente interés por ti, porque los has observado en ocasiones mirándote escondido detrás de algo y cuando lo ves, se asusta y se va.

Ahora es el momento de saber qué es lo que sucede, y vas en busca de él. Lo viste introducirse por la vegetación camino a la cascada e intuyes que ahí lo vas a encontrar.

Tu corazón se acelera, sientes una conexión con ese niño que se vislumbro de parte de los dos, pero hasta el momento no han hecho un verdadero contacto. Es la oportunidad perfecta para encontrarte a solas con él y compartir parte de cada uno, para descubrir que es lo que se esconde detrás de ese hilo conector.

Llegas hasta la zona de la cascada y lo ves, solito, con la cabeza en sus manos, llorando. Te acercas sigilosamente y colocas una mano sobre su hombro. El niño se sobresalta, pero cuando te ve se calma, limpia sus lagrimas y te hace seña con la mano en la roca para que te sientes a su lado.

Y ahí vas, atento a escuchar y brindarle todo lo que eres para que no se sienta de esa manera nunca más. Lo miras a los ojos y le dices:

- Todo está bien, puedes contarme lo que quieras, que estoy aquí para ayudarte.

_ Ya lo sé- te responde.

A lo que te quedas con la boca abierta,

y sin poder articular pregunta, el niño comienza a hablar.

Te he estado observando desde lejos porque hace mucho sé que venías. Te apareciste muchas veces en mis sueños y cada vez que sucedía, mi día era maravilloso, porque me sentía con esperanza, con fe que todo iba a cambiar. Pero desde que llegaste no he notado cambios, al contrario, me siento más triste porque no eres lo que esperaba. Ni siquiera has hablado conmigo hasta este momento. Y no entiendo nada!!!

Tomas su carita entre tus manos y como si no fueras tú, sino alguien más en tus palabras, comienzas hablarle.

Desde que llegué te estoy observando, y eres el único que ha llamado mi atención. Eres como yo de pequeño y sé que estoy aquí para contarte que hacer para no terminar igual que yo por muchos años. Enojado con el mundo, triste, solitario, amargado, sin amor propio y por lo tanto hacia nadie más. Me he equivocado demasiado en la vida, pero hoy estoy en otro punto totalmente diferente y voy a evitar que tú vivas como viví yo. Ahora sé porque estoy aquí. Sin conocer tu nombre yo Te Amo, y eres parte de mi como lo eres de todos.

El niño te abrazó tan fuerte que comprendiste todo. Eran las palabras exactas, era amor del puro, ese que ahora conoces, el que salió desde tu interior. Cuanto amor en ese abrazo, cuanto se sana, se cura y se libera. Es mágico.

Se separan y vuelves a tomar su carita para decirle que estás ahí para todo lo que necesite, que vas a guiarlo, pero sabes que él también te guiará a ti. No hay relación humana en donde cada uno no aporte lo necesario para el aprendizaje del otro. La energía que hay entre ustedes es fuerte, hay un lazo que es invisible, pero no por eso deja de ser tan potente.

Te regala una sonrisa enorme y tú le devuelves una idéntica.

Le dices:

Ya no me evitarás más, ¿no es así?

Nunca más- te responde con la misma sonrisa y un brillo increíble en sus ojos.

Escuchan que alguien se acerca y se quedan a la expectativa de ver quién es. Un par de amigos en busca de él para jugar. El niño se levanta, te mira y tú le guiñas un ojo en aprobación. Y mientras se va alejando le gritas:

¡No me dijiste tu nombre!

Joel – te dice el niño, y se va corriendo junto a sus amigos.

Te quedas en la cascada, admirando la naturaleza y sintiendo a tu corazón volviéndose más y más fuerte, creciendo de emoción por todo lo que experimentando.

Otro día más para mirar al cielo y decir:

¡Gracias, Gracias, Gracias Universo!

EL GRAN PODER DE LAS RELACIONES

Ellas funcionan como nuestro reflejo. Al mirarte en los demás te estás viendo a ti mismo, para aprender a relacionarte y conocerte internamente.

Las relaciones con los demás te brindan oportunidades magníficas para descubrir tu luz y tu sombra, para observar desde que carencia te estás moviendo y lograr hacerla consciente.

En ese momento que tomas consciencia de tu falta de amor propio, el cual duele y molesta muchísimo, ya no hay vuelta atrás. Es como un punto de inflexión de no verlo a comenzar a verlo y a comprender porque estás parado en ese punto.

Aquí es donde comienza un viaje que va a durar toda la vida, pero que va a ir en evolución desde ese instante mismo en que te hiciste consciente de ello.

¿Te acuerdas del viaje del Héroe que compartimos en el primer volumen de la saga? Esta es una gran parte de ese viaje y como te dije antes tu eres tu propio Héroe, y eso quiere decir que vas a salvarte de todas la limitaciones, creencias y programas que te mantienen experimentando dolor y frustración.

Amarte a ti mismo es un camino de magia, de encontrarte y descubrirte. Comienzan a suceder situaciones inesperadas, como sincronicidades, causalidades, milagros, bendiciones que hacen que esos pasos sean más divertidos y nunca dejas de encontrar distintos aspectos que puedes amar más de ti mismo, otros para trascender o pulir, pero siempre hay algo tuyo que está esperando ser descubierto y amado. Surgen nuevas facetas desconocidas porque comienzas a soltarte y dejar fluir el ser que eres.

Sin dudas es un camino maravilloso que la vale la alegría emprender. Cambiará todo tu panorama, y en un tiempo tendrás la vida totalmente transformada a tu favor.

¿CÓMO COMIENZAS ESTE VIAJE?

1. **Toma de conciencia:** de que no puedes esperar nada desde afuera, debes eliminar definitivamente las expectativas sobre los demás. Por lo tanto, dejas también de culpar al o los otros (padres, pareja, amigos, hijos, jefes, etc.) o a situaciones fuera de ti para no hacerte cargo y ser responsable de ti mismo, de tu falta de amor propio.

2. **Decisión de empoderarte:** eliges ser un adulto emocional, haciéndote cargo de todo lo que acontece en tu vida. Ser adulto emocional no tiene nada que ver con la edad. Implica crecer, dejar de esperar que los demás hagan aquello que yo quiero, que los demás hagan para mi satisfacción. De ahora en más tú eres el único responsable de todo lo que te sucede.

A partir de esta toma de decisiones comienza el viaje hacia una vida completamente distinta y acorde con tus sueños. Cambian tus percepciones, la mirada ante todo es diferente, hasta comienzas a moverte de otra manera, más seguro.

Este es el viaje del trabajo interior. Es de compromiso contigo mismo y ese compromiso debe ser para siempre, hasta el último día de tu vida. Que cada pensamiento que tengas sobre ti eleve tu vibración de amor propio. Que cada acción sea para manifestar más amor por y para ti. Que cada sentimiento sea para acercarte más a ti mismo. En definitiva, que te comprometas a mantener una coherencia interna basada en el amor propio.

No debes dar prioridad a lo que opinen o piensen los demás en cuanto a la manifestación de tu amor propio. Muchas veces cuando una persona se ama de verdad, el resto lo tilda de egocéntrico, engreído, soberbio; esto no es verdad. Nos enseñan a andar por la vida con una falsa humildad. Pero eso no es más que someternos, no ser auténticos y ni pensar el hecho de querer brillar, porque eso está mal. Nada más lejos de la verdad.

Todos los grandes maestros de la historia han pedido a la humanidad entera que cada uno asuma la responsabilidad de brillar.

Has venido con un propósito a esta vida, una misión y debes hacerle honor a ello. Entonces el mejor acto que puedes hacer, primero para ti mismo, luego para tu entorno cercano y para toda la sociedad, es amarte a ti mismo, encender tu llama interna y brillar.

> **"SI TÚ NO TE AMAS,**
> **NO PUEDES AMAR A NADIE"**

Si crees que amas a alguien más que a ti mismo, ese amor no es real. Es apego, posesión, obsesión, pero nunca amor incondicional que es el verdadero amor.

Sucede que la sociedad nos enseña que si tienes una relación con otra persona, es porque la amas. Pero el error en esa creencia es que significa necesitar al otro, mendigar, tener miedo de quedarte sólo si no funciona. Entonces te desvives por sostener algo que en realidad es ficticio, pero a los ojos de los demás está bien visto. Te aseguro que con el tiempo, si sostienes este tipo de relaciones, lo único que te trae es enfermedad, depresión, falta de autoestima y de autenticidad.

Justamente sostener esta clase de "amor", como lo llama la sociedad, es apagar tu llama lentamente. Dejar de ser tu para contentar a los demás y que todos queden satisfechos. Sí, todos menos tú.

¿QUÉ HACER PARA AMARTE?

Tienes que **romper con el molde.** Sé que ya llevas demasiado trabajo encima, pero si no lo haces tú nadie más lo hará por ti.

Te aseguro que los beneficios de estos cambios, que son para el resto de tu vida, son incalculables. Fíjate que si no accionas para mejorarte a ti mismo, lo que haces con tu energía es enfocarla en el afuera, en los problemas y los demás, y nunca obtienes los resultados que deseas, porque el enfoque debes ser tú.

Alguna vez escuchaste que alguien te diga la frase:

"¡Quédate en el molde!"

Que opines, actúes y sigas al resto. Que no destaques. Que seas siempre una ovejita blanca siguiendo el rebaño. Así serás considerado buena persona, ¿te suena?

Yo, particularmente, muchas veces escuché esa frase. Más a partir de comenzar a expresarme y exteriorizar mis pensamientos y emociones.

Esto sucede porque estás en un molde creado por la sociedad, y el entorno en el que creciste. Ese molde contiene todas las creencias sobre un tema en particular, que compartes con esas personas. Cuando te mantienes allí estas reforzando el hecho de pertenecer a ese rebaño de personas con las mismas creencias, con el mismo paradigma, y no está bueno salirse de lo establecido.

Sin darte cuenta, a medida que fuiste creciendo terminaste en un molde determinado. Pero ahora, ya de adulto, puedes elegir romper con ese molde que no te trae ningún beneficio, más bien todo lo contrario, te sientes como una cárcel, sin libertad de expresión y de movimiento en tu propia vida.

Hay muchísima información metida en nuestras mentes en forma de programas, que nos mantienen actuando de manera automática. Que nos alejan de lo que realmente somos. Porque en general no nos sentimos fuertes, óptimos, bellos, etc. y los medios de comunicación tienen mucho que ver con este tema. Es hora de romper con ellos.

Por ejemplo: te muestran un prototipo de belleza y al sentirte alejado de ella, crees que no eres lindo y que no mereces ser amado.

Ese es un mínimo ejemplo de la cantidad de paradigmas a los que hemos sido sometidos, manteniéndonos siempre en la línea del no puedo, no debo, no lo merezco, no sirvo, no creo, y demás infinidades de desvalorizaciones propias que te mantienen en una vida mediocre. Tal cual la he tenido yo misma hasta que comencé a dedicarme a mi propia transformación, para luego poder ayudar y darle una mano a todo el que lo necesite, y creo que somos muchos los que pasamos por ese sendero.

En conclusión, así se mueve el mundo entero, las sociedades que lo conforman, entres los cuatro paradigmas de escases más importantes, para luego ofrecernos todo lo que nos haga falta:

- Tener o no tener

- Saber o no saber

- Poder o no poder

- Deber o no deber

Esto provoca lo que tristemente se observa, que la sociedad se vuelva como un rebaño de ovejas siguiendo lo que hace la masa en busca de la felicidad. Que nunca es lograda de esta manera, porque consigues el auto que quieres, la casa que quieres o la pareja que quieres y la sensación de felicidad es efímera, al poco tiempo se esfuma y comienzas a buscar otra cosa que llene tu ser.

El error es eso mismo, buscar afuera, lo que no te va

a completar, porque cuando te encuentres y te ames vas a entender que eres un ser completo y todo lo que te ofrecen afuera es para acompañar y hacer más agradable ese ser completo que ya eres y lo habías olvidado.

Si empiezas a escucharte, a buscarte, reconocerte y el camino se va abriendo, la mente se va a entrometer en mitad de él, para frenar tus pasos, no una, sino muchas veces. La mente con su poder de protección y supervivencia, te va a disparar con miedos inexistentes, excusas, cansancio físico, situaciones que te parecen muros irrompibles, incluso enfermedades; pero son solo artimañas para lograr detenerte y mantenerte estancado en tu zona de confort.

A la mente, que tú quieras romper estructuras y creencias la desestabiliza, y por ende, ella tratará de provocarte lo mismo para que te quedes exactamente dónde estás ahora, sin cambios rotundos y consumiendo todo lo que el exterior te brinda para que supuestamente consigas la felicidad tan sobrevaluada.

Sabiendo esto, ya no debes permitir que esos intentos de bloqueos de parte de tu mente tengan su lugar. Y ojo, que esto no quiere decir que arremetas contra tu mente, ella actúa por protección, al igual que un padre protege a su hijo y le avisa que tenga cuidado antes determinada situación de peligro.

Lo ideal es que comiences por no escucharla cuando te pone frente a las narices miedos, excusas o muros para no avanzar. Tú sigue adelante y ella con el tiempo ira adaptándose a nueva zona de confort, y de esta forma avanzas constantemente un poco más. A eso se le llama progreso, y en él radica la felicidad.

Sé que a estas alturas, ya has realizado muchos avances. Si observas de un tiempo atrás hasta esta parte, podrás asombrarte por todo lo conseguido con respecto a tu persona, y te darás cuenta que eso es lo que te insufla vida, el seguir caminando y subiendo escalones, pasando a un nuevo nivel, siendo mejor que ayer, en busca de tu mejor versión.

> **"EL PROGRESO HACE A LA FELICIDAD. HAZ QUE TUS SUEÑOS SEAN MAS GRANDES QUE TUS MIEDOS."**

A partir de ahora ya no eres tu mente, ya no permites que ella controle tu vida completamente. Es el momento de tomar las riendas, elegir y decidir qué es lo que aceptas o no de todo lo que tu mente bombardea. Lo que otros colocaron en tu mente ya no es de utilidad, así que a reciclar, a desterrar lo obsoleto y recibir pensamientos y creencias nuevas, más potentes para tu crecimiento.

Ten en cuenta que cuando hablo de crecimiento, primero es interno y como consecuencia lo verás reflejado en el exterior.

Por otro lado, ese crecimiento tiene que ver con el autodescubrimiento, con reconocerte y comenzar amarte. No es tan complicado. Tal vez te cueste iniciar el camino, pero una vez das paso tras paso, vas adquiriendo velocidad. Sucede como un tren, que cuando toma determinada velocidad ya no es sencillo frenarlo. Además te aseguro que iniciado este camino no vas a querer frenar y volver atrás nunca más.

Somos seres que nacimos en este plano para evolucionar, cuando no lo haces te sientes mal, deprimido, con una vida sin sentido. Pero cuando lo tienes claro y lo haces no hay nada más que te detenga, porque te encuentras a ti mismo. La felicidad, alegría y prosperidad son tus nuevas compañeras.

¿QUÉ PENSAMIENTOS TIENES QUE NO TE PERMITEN AMARTE?

Ya hablamos sobre el poder de los pensamientos y si no te encuentras bien es porque debes hacer una corrección de tus los mismos.

Lo que necesita corrección, una nueva dirección no es tu ser esencial, tu alma, esa es tu parte perfecta, de amor puro, con la que debes conectar. Lo que necesita cambios es el estado natural en el que estás sumergido habitualmente, esa voz que te habla todo el tiempo y te dice que debes o no hacer, pensar y sentir. Esa voz que hemos llamado "ego" y que tiene un "pero" para todo. Es la voz que te boicotea cuando estás a punto de alcanzar tu meta. Se encarga de limitarte constantemente y no permite que accedas a tu divinidad, a tu ser interior donde todo es armonía, paz, perfección y amor.

La vida, el Universo, esta de tu lado, porque puedes adiestrar a esa voz. En "Secretos que no son secretos" se toca bastante más profundo todos estos temas para dominar la mente y convertirte en el Héroe que eres para cambiar tu historia.

Hacer no tienes que hacer mucho, porque el trabajo es deshacer, romper, limpiar, desterrar y abrir las trabas que te has puesto tu mismo o has permitido a otros que depositen en ti para no brillar. Así andas por la vida con los muros que te pusiste, los miedos que te inventaste, los no tengo, los no puedo, los no me lo merezco, etc.

Pero esa no es la realidad. Es solo la creaste para ti y así mismo como la creaste puedes cambiarla y generar una nueva, acorde con tu mejor versión, una persona que se ama y comparte ese amor con los demás.

Después de lo sucedido y pasado varios días, Joel se ha convertido en tu reflejo, te has visto miles de veces en él y has aprendido mucho.

Él te admira y cada mañana apenas te ve corre a abrazarte y preguntarte cómo has amanecido el día de hoy. Se ha vuelto tu razón de ser, no puedes creer los cambios que el niño ha experimentado por compartir momentos y charlas contigo.

Cada día destinan un tiempo para ir hasta la cascada, donde entablan las más interesantes conversaciones, y pasan de la seriedad a la risa en pocos instantes. Tienen los dos la capacidad de disfrutar el momento y aceptar los aprendizajes que van obteniendo.

Joel te cuenta los problemas que tiene con sus padres, de cómo ellos no lo entienden y tiene que adaptarse a situaciones que no le agradan. Que tiene que ser una persona que no es delante de los demás. Esa es la cuestión principal por la que siempre se veía disperso, distinto a los demás e incluso triste.

Ahora estaba cambiado, sabe que cuenta contigo y es con la única persona que puede mostrarse tal cual es.

Sucede que cuando lo escuchas sientes que habla de ti cuando eras de su edad y hasta no hace mucho tiempo. Tú quieres ayudarle para que no siga cerrando su corazón y termine frustrado e infeliz como estuviste tú casi toda la vida.

De a poco sientes que la conexión es más poderosa y que a veces ya con una mirada se comprenden. Los avances de Joel con el resto de las personas a sido fabulosa. Lo ven cambiado y se lo dicen. El sonríe y si te ve cerca te guiña un ojo en demostración de sus logros.

Tú no tienes hijos, todavía, pero que orgulloso te sientes de ese niño. Piensas como te hubiese encantado tener a alguien de compañero, de guía, como ahora mismo estás haciendo tú con él.

Esto que sientes es "amor". Si, sin dudas es amor. ¿Qué otra cosa podría ser? Esto es lo que en tu vida entera no habías experimentado, por tu falta de conocimiento, de empatía y tu enojo constante con el afuera. Desde que eso desapareció te has dado permiso de sentir el amor.

¡Y qué bonito que se siente!

Tienes el derecho divino de ser feliz. Estas aquí en este mundo para ello, para amarte y amar.

El propósito de toda alma es:

"RECORDAR QUE ERES AMOR"

Y cuando te amas, cumples con un segundo propósito que es:

"DISFRUTAR LA VIDA, HACER HONOR A TU PASO POR LA MISMA"

Si das esos pasos la vida se hace hermosa, la disfrutas, creas milagros, consigues cambios maravillosos a tu alrededor, se convierte en magia. Tú puedes aplaudirte y premiarte por todo lo conseguido. Eres tu propios Héroe, sin dudas.

Sigo a tu lado, acompañándote en todo este proceso, ofreciéndote mi mano y todo lo que tengo para brindarte camino al amor de tu vida:

AMOR

VS.

APEGO

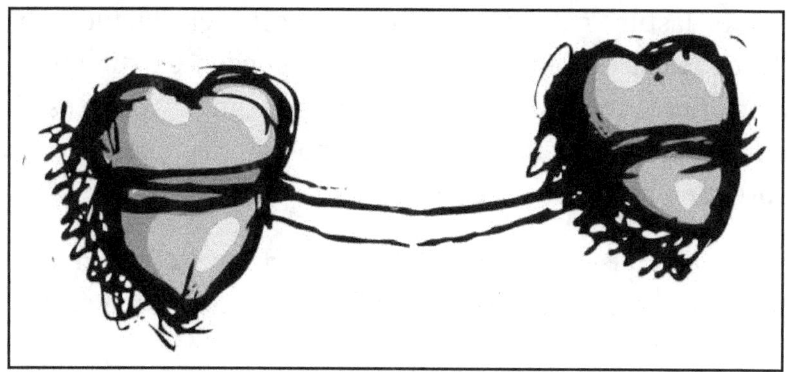

Mirando la foto creo que ninguna persona desea un amor así, donde hay entrega de corazón pero con ataduras, con condiciones. Ese no es el amor incondicional, que das sin esperar nada a cambio, ese es el amor terrenal, lo que aprendimos, a dar pero exigiendo o condicionando al otro, jugando con la culpa, con el mantenerlo atado, a tu lado todo el tiempo que desees, celando, encerrando y limitando al otro o a uno mismo por agradarle al ser amado.

LA DIFERENCIA ES IMPORTANTE

No hay persona que no haya experimentado alguna vez el sentimiento del amor, en cualquiera de sus formas: pareja, amistad, familia, amor propio, mascotas, etc. Por tal motivo seguramente sepas que cuando sientes un vínculo profundo y sincero con alguien, quieres compartir tiempo con esa persona y cuidarlo como si fuera un tesoro.

Pero sucede que no todo es tan simple y color de rosas. El amor terrenal tiene sus matices. Existen vínculos que puedes mantenerlo en el tiempo por costumbre, por miedo a perder el amor del otro, por no ser sincero y no querer lastimar al otro a la hora de cortar el vínculo, por dependencia emocional, etc. En fin, pueden existir miles de matices, pero ellos indican que no es amor. Apego es el nombre que se le atribuye a ese tipo de relaciones que se sostienen por miedo o costumbre.

En una relación el más sincero y maduro es el que puede trascender estas barreras (del apego) y de esa forma seguir evolucionando.

¿CÓMO APRENDES A DIFERENCIARLO?

- **El apego controla, mientras que el amor libera.**

El amor es libre por esencia, nadie puede atar al otro para siempre. El vínculo es una elección de dos personas libres que deciden compartir sus vidas. Pero si por inseguridades o por miedo al abandono o al fracaso, el amor se convierte en control, su final seguro es una relación tóxica que se vuelve difícil de romper.

- **El amor puede ser eterno, el apego es pasajero.**

El amor verdadero, el más profundo sentimiento hacia otro, puede mantenerse en el tiempo. Hay amigos, hermanos, hijos e incluso parejas que aunque no se vean o estén separados físicamente, desean que el otro sea feliz, y aún pueden amarlo en un sentido muy distinto al apego.

En cambio, la dependencia emocional, esencia del apego, lleva a enojos, rencores, frustraciones. Lo que determina que esos sentimientos caducan, tienen una fecha de vencimiento.

- **El amor favorece el crecimiento, el apego obstaculiza.**

El amor verdadero es el que acompaña el crecimiento, incluso lo impulsa y deja espacio libre para el que el otro haga su propio camino y persiga sus propios sueños. Esta presente acompañando y festejando los logros del otro.

En cambio, el apego provoca que al depender emocionalmente de otro, todas las decisiones que quieras tomar deben estar avaladas por esa persona. Cada decisión, hasta las más pequeña y cotidiana está condicionada por lo que diga o haga el otro. Todo ello puede frenar el crecimiento o incluso servirte de excusa para no animarte a dar el paso para evolucionar.

- **El apego es egoísta, el amor es desinteresado.**

El apego busca conservar al otro a tu lado cueste lo que cueste, porque lo necesitas, aunque eso implique cortarle las alas para que no se aleje.

Si amas no quieres guardar a la otra persona en un cofre secreto, deseas de corazón que despliegue todo su potencial, crezca y alcance sus sueños. Deseas que sea feliz porque ello te hará a ti también feliz.

- **El amor disminuye al ego, el apego lo potencia.**

Si tienes un apego con otra persona lo quieres únicamente para que comparta todo contigo, temes perderlo o le tiras encima toda la responsabilidad de tus propios miedos y frustraciones. Esto potencia tu inseguridad y el ego reacciona ante ello.

El amor, por el contrario, te lleva a reconocer tus propios errores, hacerte responsable de ellos, agradecer todo lo que te brinda el otro y a dejarlo libre.

"AMAR SIN APEGO ES QUERER SIN NECESITAR"

¿PUEDES CONFUNDIR EL AMOR?

Muchas veces se confunde el amor con apego. Pero eso sucede porque se tiene una mala concepción del mismo, aprendida socialmente. Si has vivido relaciones de apego, de dependencia emocional en tu vida, te darás cuenta que siempre te lleva por el camino del dolor, la falta de autoestima, los celos, las inseguridades y termina decayendo en frustración, baja energía e involución en el avance de tu propia vida.

El apego se puede deber a un miedo extremo a perder a la persona, temor a quedar solo y sin amor. Es normal que desees ser correspondido por la persona que amas, pero cuando lo haces desde el apego, más que amor, suele ser obsesión.

Las personas que sufren apego no suelen percibir y percatarse de que ese camino de amor que iniciaron solo logró el hecho de que ellos mismos se han perdido. Ya no son los mismos que al principio de la relación porque hacen todo lo posible por sostener a su lado a la otra persona, a veces hasta perdiendo su propia dignidad.

El apego demuestra la falta de amor propio. Ese valor tan importante para que logres lo que sueñas en la vida es el tesoro más preciado a cuidar y proteger eternamente. Si te apegas a algo o alguien ese valor comienza a decaer, y sin darte cuanta entras a un pozo que se hace cada vez más profundo del cual te cuesta salir.

Los primeros síntomas que reconozcas en tus relaciones que te llevan por el camino del apego, reacciona y pega la vuelta. Nunca debes abandonar tu amor propio. Eso nada tiene que ver con el apego.

Si te ves dejando todo por tu pareja o la persona que amas, para compartir la mayor parte de tu tiempo con ella, abre los ojos, estas en las garras de la dependencia emocional y nada bueno puede salir de allí.

Si comienzas a dejar de lado tus amistades, tus actividades recreativas o deportivas, y todo lo que deseas se convierten en los deseos del otro, sin lugar a dudas estás en una relación de apego. Incluso haces que casi toda tu vida dependa del otro, hasta tu propia valía y autoestima.

Algunas situaciones que delatan que estás en una relación de apego:

- La relación no produce calma, más bien produce tensión y nerviosismo.

- La mayor parte del tiempo está enfocada en la persona amada.

- Cuando la persona amada comete un error, es defendido ante las demás personas.

- Habla más de su pareja que sobre su propia vida, sueños y proyectos.

- La persona se miente a sí misma diciendo que todo está bien cuando realmente no es así y el resto lo ve.

- Abandona actividades que le gustan para tener más tiempo con su pareja.

- La mayor parte del tiempo está enfocada en el otro.

- Es una persona nerviosa, a la defensiva y tensa la mayor parte del tiempo.

PASOS PARA CONVERTIR EL APEGO EN ALGO POSITIVO

(1) Centra tu atención en lo verdaderamente importante

Mirar en tu interior, hacerte consciente de tus sentimientos y aceptar el dolor te acerca a la solución del problema. De esta manera te puedes empoderar por medio del crecimiento personal. Siempre se aprende de las experiencias negativas.

En general ante situaciones complicadas terminas por reprimir los recuerdos para escapar del dolor. Esto provoca la manifestación negativa y afecta otros aspectos de tu vida.

Por eso es ideal que comiences con el proceso de sanación, perdón y limpieza de tu interior y te enfoques en ello, para lograr realmente cambios profundos y abandonar la dependencia emocional.

(2) Aléjate de las distracciones

Muchas veces evades la realidad para no hacerte cargo de la

verdad. Buscas escapes como por ejemplo la televisión, las redes sociales, la radio, las revistas, etc., para apaciguar la mente.

Por ejemplo: piensa en tu serie o programa favorito. Analiza cómo te hace sentir, generalmente disparan emociones asociadas a recuerdos negativos, los alimentan. Estos distractores te alejan de la noción que eres tú quien crea estas emociones.

Mientras más estés involucrado en este tipo de ciclos más difícil será sobreponerte a la adicción emocional, separarte del dolor y el sufrimiento que experimentas. Todo esto le otorga más poder al apego, es hora de dejarlo si quieres tener una vida diferente, más armónica y coherente contigo mismo.

③ Sé consciente

Todo lo que haces tiene consecuencias, tiene un resultado, algunas buenas y otras malas. Comienza por medir tus pensamientos, sentimientos y acciones.

Cuando logras asumir tu dolor es el momento adecuado para que te liberes de los patrones negativos y acabes con los pensamientos cíclicos que no ayudan a tu crecimiento interior y atosigan a tu entorno, el cual dices amar, pero cada vez los sientes más lejos de ti.

FRASES PARA DETECTAR EL APEGO:

- Tú nunca me das lo que deseo.

- No puedo vivir sin ti.

- Te necesito para ser feliz.

- Tú me completas.

- Si me amas, no lo hagas y quédate conmigo.

- Tú no me haces feliz.

- ¿Qué haría sin ti?

- Si me amas, hazlo.

- Si no estás pendiente de mi es que no me amas.

- Si me niegas algo no me quieres y me estas usando.

Y muchas frases más que una persona le dice a otra denotando dependencia emocional, haciéndolo responsable de sus pensamientos y emociones negativas, de sus inseguridades y demás actitudes de culpabilidad y atadura, no permitiendo los espacios de libertad de cada uno en la relación.

En conclusión:

Si comprendes que cada vez que tienes un pensamiento el cerebro genera una sustancia que provoca reacciones químicas, puedes darte cuenta porque te vuelves dependiente a esas sustancias. Si prolongas los pensamientos negativos provocando esas sustancias para asegurarnos que sigan allí, es una adicción.

Liberarte de los hábitos negativos puede ser difícil pero no imposible. Cuando cambias tu manera de pensar, lo haces también con tu manera de sentir y las reacciones químicas comienzan a ser otras y sin dudas más beneficiosas.

"NO CAMBIÉ, SÓLO APRENDÍ.
Y APRENDER NO ES CAMBIAR ES CRECER"

¿TUS LOGROS
O
LOS DE OTROS?

COMPARACIÓN

Vivimos en una sociedad donde continuamente nos estamos comparando con el de al lado.

Ya desde pequeños en tu entorno familiar y escolar, se tiende a medir los resultados de cada uno en comparación con los demás, se destaca a unos sobre otros y se vuelven los ejemplos a seguir o por el contrario lo que nunca deberíamos tomar como ejemplo según la generalidad de los adultos que te guían en tu desarrollo.

Entonces desde temprana edad, adquiriendo esas enseñanzas y aprendiendo también por imitación, tiendes a ver que es lo que hace, dice, tiene y consigue el otro.

Las redes sociales han aumentado aún más esto de compararse con los demás. Lo que produce un juego en donde se muestra como si fuese una vidriera, en exposición constante, lo que la persona va consiguiendo.

Esto trae como consecuencia un doble efecto:

- Si no tienes una autoestima adecuada puede producirte un efecto de desvalorización ante los demás. Y de esta forma pensar que tú no tienes las condiciones para esos logros.

- Si tienes una buena valoración de ti, y te gusta lo que ves en otras personas te moverás sabiendo que si ella lo logró tú también puedes conseguirlo.

El problema es que todo se polariza, es blanco o negro,

frío o calor, bueno o malo, y no te han educado a mover en un punto intermedio para salirte de los extremos, que nunca son beneficiosos. En este caso de comparación o te da el bajón de que no sirves para nada o te exiges al máximo para competir en comparación con otro u otros.

El problema radica en estar en comparación constante no te permite conocer tu propia manera de pensar, estar y sentir el mundo. Tu mundo no es igual al mundo de otro, porque es interno, no externo. Pueden varias personas estar bajo la misma experiencia e interpretarla totalmente diferente porque son personas con vidas, capacidades y recursos totalmente diferentes.

ERES TU PROPIA REFERENCIA

Esto tiene que ver con superarte a ti cada día, en cada experiencia repetida, no en superar a los demás.

Si estás enfocado en el éxito o fracaso de los demás pierdes el foco en los tuyos propios y te quedas en una zona sólo de competencia sintiéndote vacío al finalizar la carrera que sólo tú mismo te planteaste.

Si miras a las personas que han logrado cosas maravillosas en su vida, sólo hazlo como para darte impulso, si eso que ha conseguido es lo mismo que tú deseas con el alma. Porque sino pondrás mucho esfuerzo en ello, y tal vez lo consigas, pero no vas a sentirte apasionado después del logro. Sólo si es parte de tu pasión, de tu propósito en la vida y encuentras un mentor, alguien que logro lo que deseas antes que tú y puedes tomar pasos y superaciones de esa persona que te pueden ayudar, será positivo para ti. Pero ten en cuenta que tú eres único y puedes encontrar tips a seguir, pero tu camino nunca será igual, porque tus experiencias, tu interior sólo te pertenecen a ti y tu solo puedes conocer y direccionar hacia donde anhelas llegar.

Ten en cuenta que no puedes controlar el éxito externo. Si tu atención está en lo que tienen los demás, el sufrimiento por comparación se instalará y tus pensamientos y sensación de no ser suficiente van a convertirse en tus creencias.

A esta altura, ya tienes por demás claro que:

"Lo que crees creas"

Esa frase nunca debes olvidarla. Pégala por todos lados para recordarte que es lo que estas pensando, sintiendo como real en tu vida, porque esa será tu realidad.

La referencia en tu vida debes ser tu mismo, debes estar atento a tus logros y las acciones que tomaste para conseguirlos. Si fracasaste debes observar cuales fueron las acciones que no debes repetir. Porque si solo fijas te referencia en otros te olvidarás de ser quien eres, de tus deseos propios y sólo te dedicarás a imitar y querer ser quien no eres. Ello nunca te llevará a buen puerto.

Debes plantear tu evolución desde la auto-referencia con la curiosidad de un niño, con sus ganas, con su pasión, disfrutando el camino recorrido. Esa es la mejor manera de progresar y sentirte completo.

ACÉPTATE TAL CUAL ERES

Cuando esto sucede, cuando te aceptas con tus debilidades y

fortalezas y buscas la manera de superarte, sabes con seguridad el lugar que ocupas, quien eres y que es lo que quieres. Nadie podrá decirte que es lo que deberías hacer o compararte con los logros de otros.

Cuando te aceptas abandonas ese mal hábito de exigirte a ser como los demás o cómo crees que debes ser según la opinión de tu entorno más cercano. Muchas veces permitimos que la opinión y consejos de las personas que amamos y nos aman influyan en nuestras decisiones, aun no siendo coherentes con nuestros planes.

Si te aceptas y te valoras podrás comunicar lo que anhelas y respetarte a ti mismo compartiendo el mismo respeto hacia lo que desean los demás. Las personas que te aman incondicionalmente nunca pondrán un freno ante ti, más bien serán las que te apoyarán e impulsarán a que lo logres.

5 CLAVES PARA DEJAR DE COMPARARTE Y VIVIR LA VIDA QUE ANHELAS

No te destruyas más, construye tu propio camino sin mirar a los lados, solo mirando tus experiencias para sacarles jugo y aprender de ellas. Así se hace el camino al éxito.

① Contribuye

Como lo que das es lo que luego de una u otra forma vuelve a ti para que lo recibas, es necesario que dejes de juzgar a otros, porque de alguna u otra manera te estás juzgando a ti mismo.

Más bien aprende a focalizar tu mente en brindar ayuda, en guiar a los que necesiten despertar, a ser generoso en el camino. Permitiendo que en ese fluir desinteresado, tus pensamientos y comportamientos negativos contra ti mismo se extingan.

El tratarte mejor a ti mismo ayudará también a que alcances con mayor seguridad lo que deseas. No puedes ofrecer lo que no tienes. El trabajo primero comienza en casa, en tu interior y luego lo compartes. Mientras más contribuyes más puertas se abrirán ante ti.

② No idolatres

Las personas que llamamos héroes y que admiras, son personas iguales a ti.

Está bien tomar experiencias que puedan inspirarte para progresar en tu vida y que te impulsen a ello, pero no debes idolatrar a nadie. Somos todos iguales, lo único que cambia es la convicción, la fe, las ganas y la pasión con la que han perseguido y logrado el lugar en el que se encuentran.

Si alguien logró algo que deseas, quiere decir que tú también puedes conseguirlo, y si nadie lo hizo, ¿Quién impide que tú seas el primero?

Todo, absolutamente todo depende pura y exclusivamente de ti. Si trabajas el amor propio, la confianza en ti mismo y algo te apasiona tanto que no quieres dejarlo pasar, ve por ello y seguro que lo lograrás.

No será fácil, para nadie lo es. No existen las personas tocadas por la varita mágica, como muchos piensan, sólo existen las personas que avanzan y no se detienen por nada hasta conseguir hacer realidad, palpar sus sueños y seguir creciendo sin abandonar nunca.

(3) No puedes ser el ganador absoluto de todo

Sin importar cuál es tu pasión o a lo que te dedicas siempre hay alguna persona que está posicionada mejor que tu en algún aspecto, por el simple hecho de llevar más años en ello, tener mayor experiencia o habilidad. Por eso la comparación no tiene sentido, debes buscar la manera de destacarte por tu originalidad, por ser tu mismo.

Verás casas mejores que las tuyas, coches más bonitos que el tuyo, cuerpos, cuentas bancarias, etc., pero eso no debe detener tu enfoque, el cual radica en lo que deseas y no en el otro.

¿Qué pasaría si una persona pudiera ser el mejor deportista, el mejor escritor, el mejor diseñador, el mejor actor…. Eso es totalmente improbable. Además ¿mejor para quien o para quienes? Es imposible que tengas y seas el mejor en todo siempre. Si piensas así vivirás frustrado.

Lo mejor que puedes hacer es disfrutar el camino del progreso hacia todo lo que deseas y llegarán en el momento oportuno. De eso no debes tener dudas.

(4) Aun siendo el mejor, no te compares

La humildad ante todo, así se llega. La soberbia te deja al principio o a mitad de camino. Las personas más exitosas del mundo son también personas humildes. No olvidan sus raíces y todo lo que han experimentado para llegar a donde se encuentran ahora. Algunos de ellos han comenzado sin ayuda económica, ni emocional y han logrado construir un imperio sobre ello, y porque no olvidan el inicio de su camino, es que comprenden que tú también puedes lograrlo, y por ello, muchos de ellos se convierten en mentores, escriben libros o dan conferencias para contribuir contando algunas de las circunstancias por las que ellos mismos han tenido que atravesar.

Lo importante es que si te destacas en algo, no es necesario estar comparándote con alguien, y puedas concentrarte en seguir adquiriendo las habilidades para seguir progresando.

(5) La única comparación positiva es contigo mismo

Mirar hacia atrás sólo para observar tus avances es la manera más satisfactoria que puedes encontrar en la comparación.

Comparando tu yo de hace un año con el actual te puede dar una visión de tu progreso o puede darte como respuesta ver un retroceso, pero te sirve para que vuelvas a impulsarte a seguir buscando ser tu mejor versión.

A nadie le agrada retroceder, pero cuando sucede, simplemente porque somos humanos y tenemos altos y bajos, el estar observándote y analizando como estabas tiempo atrás y como estás hoy, te ofrecerá un resultado sobre el que seguro deberás tomar decisiones y acciones para seguir evolucionando.

La superación personal se centra en ese punto, el de fomentar y hacer crecer tus habilidades, talentos, capacidades y destrezas sin compararte con nadie más que contigo mismo, con quien convivirás toda tu vida, y por lo tanto amarte, valorarte y conseguir tus sueños debe ser tu única obsesión.

La base de este libro radica en amarte incondicionalmente. Desde ese maravilloso estado no existe comparación alguna, todas las situaciones son vistas desde el aprendizaje, hay perdón constante y disfrute en el camino.

Permites que todo fluya y confías que todo lo que venga a ti es perfecto para ese momento y para tu evolución.

Sígueme a un tema al que muchas personas evitan por una mala referencia sobre ella...

TU MEJOR

AMIGA

SOLEDAD

¿Qué te produce esta palabra?

¿Por qué le tenemos tanto rechazo?

¿Quién nos dijo que la soledad es mala consejera?

Sí, eso nos han dicho. Y forma parte de frases, de canciones, en las cuales se ha vuelto una palabra muy despreciada. Porque implica o le hemos otorgado un significado totalmente negativo.

"No es bueno que el hombre esté sólo".

"La soledad es una mala consejera"

"Aislarte te convierte en un ser ermitaño y apático"

Existen muchas frases más que se entrelazan con la depresión, los bajones de ánimo, la falta de comprensión de los demás hacia ti, etc.

Sin embargo la soledad es la mejor compañía que puedes experimentar en los momentos de cambios, de transformación interior. Cuando te encuentras solo en su presencia logras verte. Es un proceso que al inicio suele ser difícil porque cuesta quedarse sólo, la tristeza fluye, los pensamientos negativos también.

Pero transcurrido un tiempo, comienzas a sentirte más a gusto, te vas adaptando y lo más maravilloso es que descubres que no estás solo. Que te encuentras con un mundo inmenso, con puertas por abrir y maravillarte. Cada una de ellas tiene tesoros preciosos que nunca antes buscaste: cada parte del rompecabezas de tu ser completo esta allí, en tu interior.

¿De qué manera la percibes?

- La que es identificada como algo negativo y perjudicial. Porque se asocia con la tristeza y la desesperación. Se la relaciona con el hermetismo y futuras enfermedades.

- La que es identificada como algo positivo. En soledad se encuentra la persona consigo mismo. Es la mejor vía para el autoconocimiento. Únicamente cuando estás solo con tus pensamientos y emociones, eres capaz de conocerte y saber apreciar tu propia compañía.

Pero, **¿Qué sucede cuando aún en compañía te sientes sólo?**

Muchas personas viven sus días de esta manera. Intentando estar rodeada de personas, de ruido, de tumulto, porque cuando llegan a casa y se encuentran solos no soportan ese vacío, ese silencio. Sin embargo están descartando lo más valioso, que es aprovechar esos momentos para el autoconocimiento.

Hay muchos fantasmas dando vuelta en torno a mirarte hacia adentro, muchos temores con lo que te vas a encontrar. Pero la realidad es que lo que encuentras allí es a ti mismo, y si no te conoces, jamás podrás conseguir y sostener relaciones prometedoras con tu entorno.

Si te das cuenta que se vuelve intolerante estar solo en tu presencia es porque tienes un gran trabajo que realizar contigo mismo. No dejes más pasar el tiempo y comienza.

- Busca espacios sólo para ti.

- Has caminatas por la naturaleza solo.

- Medita diariamente.

- Has actividades en soledad, como ir a navegar, salir a correr, escalar.

- Diviértete contigo mismo. Ve al cine, sal a comer a un bonito restaurant.

Lo que habitualmente haces acompañado, también comienza a experimentarlo en tu única compañía.

Al principio te sentirás incómodo, pero pasado un tiempo verás que la sensación de independencia es más fuerte, las decisiones en tu día a día la tomas con mayor rapidez y te vas conectando contigo. Sucede todo esto porque te sientes más seguro, porque vas encontrando el equilibrio, la coherencia entre lo que piensas, sientes y haces.

Sólo desde ese lugar puedes luego construir relaciones extraordinarias, sinceras, que aporten realmente a tu vida.

El amor propio se desarrolla en esos momentos de soledad. Cuando te permites el autoconocimiento y desde ese punto comienzas a moldear todo tu contenido. A ver tus luces y sombras, a integrar ambas. A desterrar creencias negativas y patrones que ya son obsoletos y no suman a tu progreso. Dejas resentimientos y culpas atrás, y las renuevas por las bendiciones actuales y todos los sueños que anhelas, sintiéndote con el poder de lograrlos, con la capacidad de aprender habilidades nuevas para llegar a donde deseas.

En mi experiencia personal, la soledad ha sido mi etapa de mayor crecimiento personal. Eso no quiere decir que este sola todo el tiempo, reflexionando y meditando. Convivo con mi hija, trabajo, hago actividad física, tengo mis amistades y mi familia con las que comparto momentos increíbles. Pero he dedicado mucho tiempo para mí.

Me he inscripto a cursos de autoconocimiento y desarrollo personal. Cada día he destinado tiempo a estar conmigo misma, en soledad, buscando el gran tesoro que tenemos dentro. A partir de allí es donde mi vida comenzó avanzar y pase de ser una persona totalmente insegura a confiar en mí, a amarme, a valorarme y superarme cada día.

Los resultados fueron más potentes en los últimos

años, más que en el resto de mi vida. Sólo he mirado atrás en forma de aprendizaje, para entender el para qué de cada situación difícil, para perdonar y perdonarme, eliminar culpas y rencores.

Una vez hecho ese trabajo, solo apunte mi mira hacia mi presente decidida a disfrutarlo y a crear en el momento actual lo que deseo cosechar en el futuro. Mi vista, mis planes, mis sueños están ahí, esperando por mí, yo sólo decido que me pertenecen, que me los merezco y doy pasos seguros hacia ellos. Este sueño, de compartir y aportar todo lo que pueda, para brindarte información para tu superación y logro de tus anhelos propios, es uno de tantos, que en este preciso instante, al escribir estas palabras estoy haciendo realidad. Pero no se escribe sólo, estoy aquí abriendo mi corazón, destinando mi tiempo, para hacer llegar estas palabras llenas de potencial transformador.

Mi deseo es que tú hagas tu parte y logres cosas extraordinarias. De esa manera mi propósito se habrá cumplido.

LA INTROSPECCIÓN

Cuando estas compartiendo momentos con otras personas, generalmente, tu atención está puesta sobre los temas que están conversando, sobre lo que está sucediendo en ese momento. De este modo pasas por alto cosas que si estuvieses sólo no pasarían desapercibidas. Como por ejemplo: observamos con más detalles los paisajes, las casas, las otras personas, etc.

Por lo tanto la introspección se sucede con mayor regularidad cuando estás en soledad. Es allí cuando la creatividad surge, cuando nos conectamos con la naturaleza desde el silencio y la admiración, cuando aparecen ideas nuevas, cuando descubres una emoción y cuál es su causa. Rodeado de personas todo esto se hace complicado.

Es muy necesario que te permitas los momentos de introspección, porque allí todos los procesos de los que hablamos antes sobre el análisis de la ley del espejo, las proyecciones, la autoestima, la valoración, etc., son analizados en estos momentos.

En soledad comienzan aflorar todos los pensamientos y sentimientos a los que le prestas atención y te levan a tu propio conocimiento. Aparecen como por arte de magia todo aquello que no emerge por estar siempre con la atención fuera de ti.

APRENDER A CONVIVIR CON UNO MISMO

Es un ejercicio muy importante para conocerte, tener claridad sobre lo que quieres en la vida y poder tomar decisiones más acertadas hacia ello.

Saber disfrutar de tu compañía te aporta fortaleza y autoestima. También te enseña a respetarte a ti mismo. Llegas a ver los problemas en otra perspectiva y analizas que es lo que te hace feliz y que lo que te disgusta.

Piensa que conociéndote y obteniendo seguridad y claridad podrás afrontar relaciones más estables y prometedoras, que realmente sumen a tu vida. Todo a tu alrededor comienza a desdramatizarse porque ya no estás confundido, con las dudas de lo que quieres o lo que te conviene o no para tu vida.

"SI NO SABES DOMINAR LA SOLEDAD SERÁ ELLA LA QUE TE DOMINE A TI"

Es sabio pasar por momentos de soledad. ¿Recuerdas que el camino del héroe se transita en soledad? La vida misma te expone a ello para que puedas realizar los cambios necesarios para la transformación interior.

LA SOLEDAD Y LAS RELACIONES

Cuando eliges la soledad libremente en un momento puntual de tu vida, esta puede actuar como un bálsamo, aportando paz, tranquilidad y armonía, aislándote de personas o de un entorno que no te conviene o que altera tu paz interior.

Nadie desea vivir en una lucha constante entre el intento de equilibrar tus emociones y luego vivir situaciones de stress, de alteración de las mismas por una persona que te ataca o no aporta nada bueno a tu vida. En estos casos la soledad y aislarte es una terapia sana, es cuidarte y protegerte. Si logras cortar sanamente con esa persona estarías haciendo lo correcto.

¿Cuántas veces has escuchado a personas que están en pareja y dicen sentirse solas, aun en compañía?

Te voy a compartir una estadística que asombra: el 60% de las personas casadas se siente sola. Y el 70% de los adolescentes, a pesar de tener un gran número de amigos, se sienten solos e incomprendidos.

Estos datos te llevan a pensar que la soledad no hace referencia a la cantidad de personas que te rodean, sino a la calidad emocional establecida con dichos vínculos.

Si descubres que esto sucede en tu vida es momento de dejar atrás ese vínculo y seguir adelante. Esas relaciones que no aportan, no suman, no acompañan e impulsan, no deben sostenerse en el tiempo. Solo te tirarán hacia atrás.

En estos casos la soledad se vuelve funcional para ti. Son momentos más satisfactorios y de crecimiento real, que el estar en compañía de esa persona o de varias que componen un entorno nocivo para ti.

La manera de trabajar este tipo de situaciones y relaciones toxicas, conflictivas, asfixiantes o exigentes que te quitan la energía, es aislándote, buscando un espacio propio de intimidad contigo, para recomponer tu autoestima, tu seguridad y de esa manera recuperar ese espacio que has permitido que te arrebaten.

Muchas veces por no darte esos momentos de soledad, donde sueles evaluar lo que te conviene de acuerdo a tu sentir, a tu intuición, etc., validas y perpetúas relaciones con dinámicas que sólo te generan malestar e infelicidad.

Cuantas veces encontramos personas que se quejan de sus trabajos que se sienten solos, incomprendidos pero continúan con ellos porque es lo que los sustentan. Y no se dan la oportunidad de buscar un trabajo acorde a sus deseos o emprender algo propio con pasión.

Otra situación muy común es salir con un grupo de amigos con los que ya no vibran igual, y se notan las falsedades, pero no se abren porque son los amigos de toda la vida, desde pequeños, etc.

O estar en una relación de pareja que viene de larga data y en la cual la persona se siente sola, pero el miedo al vacío, al no estar acompañado lo detiene a tomar la decisión de terminar esa relación y seguir adelante.

Todos estos son claros ejemplos de falta de valoración y de autoconocimiento. Cuando pasas por procesos de transformación nunca más temes a la soledad, es más, no negocias esos momentos contigo mismo, porque conforman el tesoro que te mantiene creciendo y avanzando en la vida. Esa soledad te enseña a amarte y solo desde allí podrás compartir con los demás desde una forma sana, amorosa y libre.

En conclusión

La soledad es beneficiosa cuando es voluntaria y tiene carácter temporal. Permite encontrar la calma, conocerte, descubrir tus fortalezas y debilidades y mejorar tus actitudes.

Sin embargo, debes encontrar el punto medio para que no se apodere de tu vida. Somos seres sociales y gracias a las relaciones también nos vamos conociendo y superando. Todo debe ser en su medida justa.

Buscar el equilibrio ante todo y en todo lo que te puedas imaginar. Debes manifestar esa característica fundamental de la naturaleza, siempre en busca de un punto medio de paz y armonía. Los extremos nunca son buenos ya que terminan llevándote al lado opuesto, y así vas sintiéndote como en una montaña rusa. Nadie desea una vida así. Hay que frenarla a tiempo. Tienes muchas herramientas internas para controlar y manejar tu vida tal cual deseas.

Todo este camino es para personas fuertes, hambrientas y sedientas que quieren mejorar considerablemente su vida.

Sé que tú eres una de ellas y vas a lograr todo lo que te propongas. No te estanques con personas que no apoyan tu impulso y tu energía para cambiarlo todo. Decide a favor tuyo y verás que la vida te bendecirá cuando muestres que lo que deseas es real y vas por ello.

Yo sigo aquí acompañándote pero es necesario que tú tomes las decisiones con total responsabilidad y empuje.

Sentado solo, admirando ese lugar maravilloso en el que has compartido las mejores experiencias de los últimos tiempos, en donde te has renovado totalmente y te has convertido en lo que eres realmente, una sensación de bienestar te invade.

Tu sueño está claro como el agua de la cascada que te acompaña. Sabes que no te quedarás allí, que eres del mundo. El universo te eligió como instrumento para contribuir y ayudar a otros seres a despertar, a mirar con los ojos del alma, reconocer su divinidad y su poder creador.

No vas a dejar pasar todo lo vivido y dejarlo solo como una experiencia de transformación en tu vida, hoy decidiste con una seguridad que te asombra, porque pertenece a tu nuevo Yo, que vas a destinar tu tiempo a viajar por el mundo compartiendo los mensajes recibidos y la transformación que has logrado gracias a ellos.

En otro momento te hubiese costado mucho tomar una decisión así, cuando el compartir era algo que estaba fuera de tu zona conocida. Ahora todo es diferente, has abierto tu corazón y te llena de satisfacción dar y recibir de los demás. De pronto te has vuelto una persona muy sociable. Sabes manejar tus momentos de soledad necesarios para conectar contigo y los momentos para estar con otras personas y seguir ese juego maravilloso que presenta la vida: dar y recibir.

La paz interior que has conseguido se refleja en el exterior. Puedes afirmar que te amas y amas a cada ser de este planeta, que aprendiste a perdonar y perdonarte. Ya nada volverá a ser igual, los huracanes de tu vida ya pasaron. Todo lo que tenga que sucederte será para tu bien y será bienvenido.

Siempre te has creído menos y has admirado a otros. Hoy es diferente. Todos tienen algo para enseñar a los demás, todos deben ser admirados. Pero esa manera de ver solo sucede cuando permites fluir el amor dentro de ti, ese amor con el que nacimos y se mantiene dentro esperando que lo dejes fluir. Cuando eso sucede, lo que llamamos magia se despliega y tú eres la prueba fehaciente de ello.

Miras al cielo, comunicándote con el universo y sientes que ya no queda mucho tiempo, tienes que partir a seguir esta maravillosa travesía, y aún sabiendo que no será fácil y pasarás por momentos, tanto buenos como malos, es lo que sueñas y el solo imaginarlo te llena de energía todo el cuerpo y despierta una gran sonrisa difícil de eliminar de tu rostro.

Se aproxima una parte difícil de esta decisión, enfrentar la carita de Joel ante esta noticia, y de todas las personas que han sabido tocar tu corazón.

Si — piensas- no será para nada fácil. Pero ya he aprendido que todo lo superado me ha regalado algo mucho más grande e importante luego. Tengo que seguir adelante. Ellos también lo harán y si alguno quiere acompañarme, ¡Bienvenido sea!

TODO, ABSOLUTAMENTE TODO LO QUE EXPERIMENTAS EN TU VIDA LO CREAS TÚ. SI TE DISGUSTA LLEGÓ EL MOMENTO DE CAMBIARLO, Y SI TE GUSTA LLEGÓ EL MOMENTO DE POTENCIARLO...

LA CLAVE

DAR

Si, existe una clave para que se desate el amor real, que es el amor que todos traemos desde el minuto 0 en este plano, el amor incondicional. Produce magia a nuestro alrededor, donde todo es perfecto, se centra todo en "DAR" sin esperar nada a cambio.

No depositando el foco en el entorno, sino en el punto exacto donde se inicia, ahí, en tu corazón.

¿Y dónde se encuentra tu corazón?

Dentro de ti.

Entonces, ¿Dónde piensas que hay que trabajarlo para que florezca?

En ti.

Sin dudas, todo el proceso de ser tu mejor versión, de crecer, evolucionar y obtener resultados que te lleven a una vida extraordinaria, comienza en tu interior.

Por ello he decidido llamar a esta saga de libros: "secretos en tu interior", porque aunque suene a espacio pequeño, aloja toda la información necesaria y la sabiduría Universal para que logres cada meta que te propongas desde el amor.

¡El amor lo es todo! Desde el amor se genera todo y desde ese mismo lugar tú puedes comenzar a crear la vida que deseas.

Tanto manifestando el amor en el área del dinero, amándolo, sabiendo que es un juego de dar y recibir, rompiendo con las barreras y el rechazo que ha crecido en ti por experiencias pasadas, eliminando el miedo a perderlo o que nunca llegue, rompiendo los patrones que te mantienen en el mismo lugar con respecto a tu profesión, trabajo o actividad que emprendes. Todo está en el amor que sientes ante cada situación de tu vida.

En el área de salud lo mismo. ¿Cómo haces que tu cuerpo esté en armonía, que tengas energía y vitalidad para ir por tus metas? Con amor. Cuando te amas cuidas cada parte de ti, desde tus pensamientos hasta tus acciones. Por lo tanto te haces consciente y responsable de los alimentos que ingieres, de la actividad física que realizas y de mantener la armonía. Vuelves a ver el juego del dar y recibir. Tu cuerpo físico, emocional y mental te responde de acuerdo a aquello que le das.

En el área de las relaciones, ya sean de pareja, amigos, familia, trabajo, etc., ocurre exactamente lo mismo. Primero debes centrarte en ti, en cómo te sientes contigo mismo, como está tu autoestima, tu confianza, tu amor propio. Desde ese punto lo que das recibes a cambio. La ley del espejo es fundamental para realmente medir en qué punto te encuentras y que cuestiones tienes que seguir moldeando. Pero la única manera en que funcionen en armonía y fluyan es mediante el amor incondicional. Sin esperar nada, solo dando. El resto sucede sólo.

Como ves en todas las áreas de tu vida, sea la que sea, la base para que fluya de la mejor manera posible es el **AMOR INCONDICIONAL, DAR, DAR Y DAR.**

Pero no vamos a centrarnos más en el otro o en el afuera. Hay que comprender que siempre, sin excusas, el afuera es la devolución, lo que recibes de aquello que diste sin medir, sin esperar nada, sin expectativas, solo desde lo que sientes y no se termina nunca, no hay tope, el amor es infinito.

"EL AMOR ES LA MANIFESTACIÓN DEL UNIVERSO.
HAY MÁS DICHA EN DAR QUE EN RECIBIR"

Siempre que das en forma incondicional, sin la espera a una devolución, sino con la sola intención de entregarlo por amor, porque así lo sientes, se activa inevitablemente la energía Universal del **DAR Y RECIBIR.**

En el primer volumen te hable un poco de este tema, porque es totalmente relevante para que la energía de la abundancia fluya en tu vida. Con otras palabras necesito explayarme un poco más para que te quede claro y para que reafirmes que el amor radica en todo lo que quieres ver realizado en tu propia realidad.

Esa energía durante la acción de dar y recibir debe estar cargada de tus creencias positivas.

Si observas la naturaleza esa energía fluye en armonía. Los seres vivos, las plantas, los animales, dan y reciben sin ningún esfuerzo. Es como una danza sin fin de la energía Universal.

La misma que funciona contigo. Con la diferencia que tu le pones una intención a la hora de dar y recibir. Y esa intención depende de tus pensamientos.

DAR Y RECIBIR GENERA UN EQUILIBRIO MÁGICO

La acción de dar, obsequiar, regalar, entregar, debe ir acompañada de gozo, de una buena actitud, de sentirlo en tu interior, sin egoísmo.

Una buena forma de recibir aquello que tanto deseas, es ayudando a otros a conseguir lo que desean, al abrir tu corazón y actuar para el bienestar de los demás desde el amor. De esa manera se abre el flujo de la energía que te permite recibir en abundancia.

No sirve de nada el dar si no estás abierto a recibir, porque detendrías el flujo de la abundancia, y cuando digo abundancia hablo de todas las áreas de la vida, no únicamente del dinero.

Lo mismo sucede con la situación contraria, no sirve de nada estar abierto a recibir si tú no eres capaz de dar desde el corazón.

Si uno de los canales se encuentra cerrado, estarás preso

de la rueda de la carencia. Se llame falta de dinero, de amor, de trabajo, de salud, de relaciones extraordinarias, de energía y vitalidad, etc.

ENTONCES:

¿Qué pasa cuando sólo das?

Cuando sólo das y no recibes nada se manifiesta un desequilibrio en el fluir de la energía del Universo hacia tu interior. Esto se puede traducir en desvalorización, falta de confianza y baja autoestima.

Siempre que das tienes derecho a recibir. Pero nunca exigiendo ese intercambio, sino abriéndote y sintiéndote merecedor de lo que te ofrecen con amor.

De la misma forma que tú das y esperas que lo reciban con el corazón abierto y no te rechacen, tú debes estar abierto a recibir. Cuando ese vaivén fluye la magia del amor y la energía en ti crece.

Cuando te concentras en dar y te olvidas de recibir, corres el riesgo de olvidarte de ti mismo, de todo aquello que te mereces.

¿Qué pasa cuando sólo recibes?

Cuando sólo recibes y no entregas nada de ti, adquieres una deuda interna con el Universo, que en algún momento de tu vida tendrás que pagar.

Esto lo puedes observar, por ejemplo, con las personas que juegan a la lotería y ganan bastante dinero de repente.

Como no sucedió un intercambio equilibrado, por una u otra forma pierden rápidamente lo ganado. También ocurre cuando una persona gana dinero por una acción fraudulenta, con el tiempo el Universo se lo cobra con situaciones que no puede solucionar con dinero, como un problema de salud grave y sin solución, o le roban todo lo que tiene, etc.

ACTIVA EL FLUIR DE TU ENERGÍA DE ABUNDANCIA

Sabiendo lo anterior, ya no tiene sentido que bloquees ninguno de los dos canales. Déjalos actuar libremente, abre tu corazón para dar y recibirás de la misma manera.

Todo en el Universo y en la naturaleza busca el equilibrio. Cuando comienzas a comprender esto, los resultados que obtienes en tu vida lo demuestran, y descubres que era lo que antes te mantenía estancado siempre en el mismo estado.

De todas formas, no es lo único a tener en cuenta. Los pensamientos, sentimientos y acciones a la hora de dar y recibir son fundamentales. Si la intención es desde el amor, sin dudas fluirá y recibirás hasta duplicado lo que entregas. Pero si en cambio, lo haces desde el cálculo de no perder, de tener más, de medir, o sea desde el miedo y con esa intención, el resultado no va a ser el deseado.

Por tal motivo es importante todo el trabajo interno de transformarte, de sanar tu interior, de ser consciente de aquello que te limita y eliminarlo. Sobre todo de ser totalmente coherente; que sientas que tanto tu mente, cuerpo y alma se unen para que tu entrega sea sincera y desde el amor incondicional.

Como cuando le das abrazos, besos, atención a tu hijo o a la persona que amas. No lo estás midiendo, sale de tu interior, nace en ti y lo expresas sin esperar que el otro lo haga primero.

De aquí en más tu responsabilidad es asegurarte de conservar ese equilibrio necesario para que la abundancia fluya en tu vida desde el amor.

> **"CUANDO DAS CON AMOR Y DE FORMA DESINTERESADA, ESTÁS ABRIENDO TU CORAZÓN PARA RECIBIR Y DISFRUTAR DEL MISMO EQUILIBRIO QUE EXPRESA LA NATURALEZA Y EL UNIVERSO ENTERO."**

En las relaciones con los demás se manifiesta constantemente el dar y el recibir. Si tu obsequias o regalas algo y sientes que lo estás perdiendo, entonces no has dado nada en realidad, ya que no hay energía positiva detrás de tu accionar.

Cuando das, la intención con que lo haces es importante, ya que si despiertas alegría y felicidad en el que recibe y tú experimentas esos mismos sentimientos, estás sustentando tu vida generando abundancia.

Se sincero contigo, ¿Cómo te sientes cuando das algo feliz de hacerlo y deseando la misma reacción del otro lado, de quien recibe? Es cierto que sientes que la energía se mueve dentro de ti, que te sientes más feliz, más alegre, como si algo en ti se potencia y te brinda una sensación de bienestar.

Eso nos sucede a todos cuando permitimos que la energía universal de dar y recibir fluya.

Imagino que de ahora en más no vas a estar analizando o esperando recibir para luego dar. Activa ya el poder que tienes para cambiar de raíz muchas manifestaciones en tu vida. Todo es cíclico, no esperes algo para luego ofrecer, inicia tú la rueda de la abundancia.

Expresar tus sentimientos, agradecer, bendecir, abrazar, obsequiar una sonrisa, ofrecer tu escucha al otro y regalar palabras de aliento son todas formas que tenemos y con la que contamos todos los seres humanos para relacionarnos desde lo positivo y amoroso. Es una forma maravillosa de accionar la energía del Universo a tu favor.

Desde ese compartir también contribuyes a mejorar tu salud y a sanar tu entorno, ya que el Universo al recibir de ti desde el amor, no tiene otra opción más que responderte y devolverte la misma energía que has trasmitido, obsequiándote más motivos para alimentar tu felicidad y alegría. De esta manera brillas y contagias a todo lo que te rodea.

A CAMBIAR LO APRENDIDO

Si miras tu vida actual y descubres que lo que estás recibiendo es constantemente problemas, preocupación, angustia, emociones negativas, ya sabes a que se debe.

Aprendiste rápidamente a quejarte, a estar triste muy fácilmente y eso ha ido en crecimiento.

Todo eso sucede porque es lo que le has estado ofreciendo al Universo, tristeza e infelicidad en forma inconsciente. Pero el hecho de que sea inconsciente no te exime de la responsabilidad de lo que estás creando, que es la devolución de los mismos. Das negatividad y eso es lo que recibes a cambio. No porque el universo o la vida desea castigarte, sino porque esa es la energía que estás haciendo que fluya en el dar y recibir de tu realidad.

Esto se comporta como una bola de nieve que cae desde lo más alto, y en su avance se hace cada vez más grande. Lo mismo pasa con tus pensamientos, sentimientos y acciones, van creciendo ya sea que las mismas sean positivas o negativas.

Vamos a graficarlo:

Tal cual ves en el gráfico sucede con lo que das. El tema es que sucede lo mismo tanto para lo bueno como lo malo. Si surge desde el miedo, desde las limitaciones, las quejas, los pensamientos y emociones negativas, al darlas recibirás más de ello. Volviéndose cada vez más grande en tu vida y más difícil de controlar, pero nunca imposible. Más si cuentas con las herramientas adecuadas como las que ya tienes disponible hoy, con la información necesaria para cambiar ese estado y la adquisición de habilidad y hábitos que se conformarán con el tiempo.

Si tomas consciencia o estás más atento a todo aquello que ofreces en tu día a día, podrás ir tomando el control sobre si lo que das es positivo o negativo. De esta forma, de a poco, ir logrando los cambios necesarios en tu interior para que lo fluya de ti sea desde el amor, la alegría y la felicidad.

Entonces ese efecto de bola de nieve será fabuloso, y crecerá en su evolución pero llevándote a estados más fructíferos camino a una vida extraordinaria.

¡AHORA ELIGE DESDE QUE LUGAR VAS A DAR Y RECIBIR!

Ya no importa si el día es soleado, tormentoso, lluvioso, frío o caluroso, para ti comenzó a ser un obsequio, destinado a seguir aprendiendo, a compartir con las personas que te rodean tus experiencias y escuchar las suyas.

Nunca antes te sentiste tan enriquecido.

¿De qué manera vivías antes de toda esta

gran aventura, como para no ver una pizca de todo lo maravilloso que ves ahora?

Te das cuenta que has estado anestesiado, dormido, funcionando como un robot. Totalmente conducido por tus creencias y programas, por la sociedad, por el entorno, por no poder ser tu mismo y esclavizar todos tus sueños, creyéndote incapaz e inservible. Y así ha sido, porque así lo creías en el pasado.

Estando en esta isla y compartiendo tus días con personas que apenas conoces pero que sientes parte de ti, con las que no tienes reparo de nada, no temes abrirte, ni dar todo lo que eres, pero tampoco temes ser herido, maltratado o ninguneado; comprendes que no es sólo por la clase de personas con las que te encontraste. Porque de ser así en tu pasado tendrías que haber encontrado personas de todo tipo, que te hicieron sentir que volabas y otras que te hicieron sentir por el piso.

Sin embargo nunca antes experimentaste lo que te sucede ahora, ese estar en paz, en armonía, seguro de ti mismo y recibiendo un trato adecuado, totalmente positivo. Incluso como te pasa con Joel, que te sientes un guía y estas ahí para ofrecerle todo lo mejor de ti con la finalidad de que encuentre el camino a la felicidad.

Tienes claro que si él es feliz, sonríe y disfruta la vida, tú sientes exactamente lo mismo. Y no es con la única persona que te sucede, lo sientes todo el tiempo cuando compartes con alguien historias y aprendizajes. Pero particularmente Joel te refleja a tu niño interno y deseas que vea toda la verdad mucho antes de lo que la viste tú. No quieres que pierda tiempo, sufriendo por una mala compresión de lo que es la vida y a que vinimos.

Joel está enojado, siente que nadie lo entiende. Se percibe diferente y siente que eso molesta. Pero en realidad los chicos de su edad lo siguen todo el tiempo. Él no tiene la capacidad de ver como brilla, pero tú si y lo vas a acompañar para que su brillo sea cada vez más potente y nunca se apague.

Vas caminando hacia la cascada en busca de él, como todos los días, suelen encontrarse allí. Sin quererlo se ha vuelto como un ritual al que te entusiasma ir. Desde que lo conociste encontraste un propósito en tu vida, que es más de lo que te podías imaginar. Ayudar a otros se volvió una bendición y sientes que creces, te fortaleces y tu felicidad se acrecienta sin límites.

Te sorprendes al llegar. Joel no está solo, se encuentra rodeado de varios amigos y amigas y todos posan su mirada sobre ti cuando apareces.

Corren todos hacia ti, diciéndote que quieren conversar contigo, escucharte y que los aconsejes. Surge una sonrisa inmensa en tu rostro. Todo esto que está pasando es mucho más de lo que podías alguna vez soñar.

Te sientas y todos te copian formando un círculo. Ese círculo donde lo primero que se te ocurre es volver a mirar hacia el cielo y decir:

¡Gracias, Gracias, Gracias Universo!

No hay dudas, cuando das, el Universo te responde. En realidad siempre te responde. Sólo que antes no eras consciente de lo que estaba dando, y si eran quejas, pensamientos, emociones o actos negativos, esa era la manera que el Universo te respondía. Ahora es momento de dar vuelta todo ello. Cambiar hábitos, moverte hacia lo que deseas, haciendo en consonancia con ello.

Verás como las respuestas que llegan son diferentes. Sólo depende de ti, de nadie más. Por eso mismo, repito y hago incapié en que debes ser responsable de todos lo que salga de ti. Tira a la basura el rol de víctima, ya paso de moda, déjalo sólo para las telenovelas, que ni ganas te van a dar de mirarlas ya, y se consciente de que estás dónde estás y no has cumplido cada sueño, por permanecer allí. Por ser egoísta, por no creer en ti y creerles a los demás, por no amarte, por no saber que tú eres:

¡EL CREADOR DE TU VIDA, DE TU REALIDAD!

Como siempre te digo y quiero que lo creas porque es así,

¡ERES TU PROPIO HÉROE!

Sólo tú puedes salvarte de caer en las creencias limitantes, en patrones viejos, en el mismo lugar una y otra vez, en la culpa, en el resentimiento, en la desvalorización y todo aquello que no te permita ser quien has venido a ser. Un ser con un potencial infinito para lograr lo que deseas.

Te pido que no le des lugar a la duda. Has que las cosas pasen y comprueba que todo esto es real. Que la vida es movimiento y si avanzas nunca te abandonará.

Podrás recoger los frutos de todo lo que has dado desde el corazón. El Universo es abundante y de esa forma se manejará contigo si has entendido su flujo. Sigue su ritmo, no frenes, siempre avanza y en algún momento llegará la recompensa. Una vez la tengas, sigue, que habrá más y más. De esta forma se logra la felicidad, das y recibes, a su tiempo, con paciencia, porque todo tiene su tiempo de gestación. No plantas una semilla y al instante crece la planta y te regala su fruto. Es un proceso. Lo mismo sucede con todo lo que ofreces y das desde tu interior. Así que no decaigas.

Los que creen que este flujo de energía no funciona son los que quieren resultados rápidos y sin esfuerzo, ni espera y lo más importante no tienen confianza, ni fe de que esto funciona de esta manera. Así que cuando no ven los resultados enseguida vuelven al mismo lugar de siempre a esperar que las cosas pasen, y las cosas, te aseguro, nunca van a ser mejores que las de antes para aquellos que no saben esperar y no tienen la convicción de que así es.

Hay muchos experimentos científicos y de física cuántica que han demostrado y demuestran que todo esto funciona. Que hay una energía en todo, hasta en lo que no ves. Por eso mismo la fe es importante, es la convicción de lo que no se ve. Pero si lo crees sin verlo y actúas con Fe, el tiempo te dará la respuesta material, esa con la cual puedes comprobar que es verdad.

Por ejemplo: en varias escuelas han realizado un experimento que tú mismo puedes probar en tu propia casa.

Han comprado dos plantas iguales, las han colocado una al lado de la otra para que reciban la misma luz solar, el mismo aire, el mismo ambiente y las han regado a las dos por igual.

Pero a una de ellas le han pegado etiquetas con palabras negativas, de desaliento, desamor, desprecio, al estilo: eres fea, no vas a crecer, acá molestas, no eres lo suficiente, etc., todo lo que a los niños se les pueda ocurrir. Y también le han hablado de esa manera.

A la otra planta, la han etiquetado con palabras bonitas, positivas, de amor y le han hablado de esa manera.

Pasado un tiempo la planta que ha recibido desprecio se ha marchitado, incluso ha muerto. Y la planta que ha recibido amor se encuentra resplandeciente.

Eso comprueba como la intención de lo que damos influye en todo. En este caso comprobado con la naturaleza.

Así funciona el Universo. Por vibración, por la energía que manejas. Según esa vibración atraerás una u otra cosa a tu vida.

Por tal motivo tienes que estar atento y ser consciente de lo que estás dando, ofreciendo desde tu interior y observando cual es la verdadera intención. Esto vale para todos los ámbitos de tu vida, tanto si quieres atraer el amor en las relaciones de pareja, en la familia, con los amigos; o quieres atraer salud, un cuerpo fuerte y vital, o si quieres atraer dinero, estabilidad laboral, crecimiento profesional, etc.

No hay diferencias, vale para todo. Estamos todos conectados entre nosotros y con el Universo. Por eso mismo funciona la ley del espejo, por eso mismo funciona el flujo de dar y recibir.

Seguro alguna vez has leído y visto alguna imagen sobre la siguiente frase:

"COMO ES ARRIBA ES ABAJO,

COMO ES ADENTRO ES AFUERA"

Todo el universo se rige por esta ley, el reflejo, el espejo.

Te comparto una imagen:

Esto indica que lo tienes en tu interior, pensamientos, creencias, programas, emociones; se refleja en tu exterior conformando la realidad que vives. Tal cual eres, tal cual es tu imagen, eso mismo se refleja.

Creo que ahora vas a cuidar más tu interior y hacerlo florecer. Para luego encontrarte afuera con todo lo que anhelas.

¡CREA TU PROPIO MUNDO
Y ENTREGALO AL UNIVERSO!

Deseo de todo corazón estar acompañándote en todo este proceso de crecimiento y transformación. Sabes que no estás sólo, estamos todos unidos y aquí estoy para ti...

¿MERECES
O
NO MERECES?

MERECIMIENTO

Por supuesto que es una pregunta que no deberías ni siquiera plantearte, pero ¿sabes una cosa?, lo hacemos todos en algunos momentos de nuestras vidas o gran parte de ella.

Volviendo a lo mismo de siempre, a la enseñanza recibida desde tu entorno más cercano, los adultos que nos criaron y que influyeron en tu formación para ser quien eres hoy en día de adulto, han jugado ese juego del merecimiento. Para obtener algo que deseabas lo tenías que merecer, ¿no es así?

Seguro que cuando deseabas un juguete o algo que te gustaba, te han mencionado la típica pregunta para que midas tu comportamiento del último tiempo: ¿Te lo mereces?

¿Estás cumpliendo con las tareas del colegio? ¿Ayudas a tu madre en casa? ¿No peleas más con tu hermano?, etc. y las miles de preguntas más que tenias que filtrar y superar para poder acceder a aquello que deseabas.

Ya desde niño estas experimentando la prueba del merecimiento. No digo que esto tenga algo negativo, porque nos va formando en nuestras responsabilidades y en saber que si quiero algo tengo que ir por ello. Pero en la vida el hecho de merecerte tal o cual cosa, sin dudas no es cuestionable. Te mereces todo lo que deseas, pero debes moverte hacia ello.

A estas alturas ya hay cuestiones que desterraste y ni siquiera las tienes en cuenta, porque crees que no te las mereces. Has determinado por la formación de creencias internas, cual es el límite. Que es a lo que puedes acceder y que no está a tu alcance de merecimiento.

Esta palabra está muy manipulada desde siempre. En general la hemos desvalorizado. Sientes que para merecer algo te lo tienes que ganar y ello requiere muchísimo esfuerzo. Entonces te gana la fiaca, la pesadez y te conformas con la que ya tienes. Hasta te convences a ti mismo, que aunque no es lo que sueñas, es lo que tienes y está bien. En ese momento puedes decir que ya estas dentro de la jaula, de la llamada zona de confort.

En el momento que aceptas que hasta este punto llegaste, y te excusas con las vidas o historias de otras personas que están peor que tú, has tomado la decisión que eso es exactamente lo que te mereces.

Pero déjame contradecirte. El Universo es abundancia infinita en todos los aspectos. El único que limita esa abundancia eres tú con tus pensamientos y creencias de escasez, falta de fe, falta de amor propio, falta de metas y sueños.

Cuando eras chico tus sueños eran grandes, y te los merecías. Ahora, ya adulto, tus metas y sueños son pequeños, porque piensas y crees que sin son grandes o están lejos nunca vas a llegar a ellos.

Pero nada es imposible, para la mente y para el Universo. Sólo basta con tener la convicción firme que lo lograrás, y así fracases 100 veces, seguirás enfocado en ello demostrándole a la energía universal que ese sueño es tuyo, que te pertenece y te lo mereces. Te aseguro que si nunca bajas los brazos lo obtendrás. Porque cada uno de nosotros se merece todo lo que desea.

Hay muchas historias a disposición de todos sobre personas que fracasaron muchas veces antes de lograr el éxito, aquello por lo que nunca desistieron y lo intentaron una y otra vez a pesar de las negativas de los demás, de que los tildaran de locos, de no contar con recursos o cualquier situación desfavorable que apareciera en su camino.

Algunos ejemplos son las historias de Abraham Lincoln, Walt Disney, Oprah Winfrey.

Vamos a tomar a uno de ellos, que en general todos conocemos seamos de la generación que seamos:

Walt Disney, se arruinó varias veces antes de construir el imperio Disney. Junto a su esposa pasaron momentos muy duros en donde no podían pagar la renta y algunas veces llegaron al grado de recurrir a comida para perros para poder sobrevivir.

En un momento crítico, decidió jugarse su última carta y con los dólares que le quedaban compró un boleto de tren a Hollywood. En 1926 creó al conejo Oswald para la empresa Universal Studios, y una vez que Disney quiso mejorar los términos de su contrato descubrió que la compañía había patentado en secreto al personaje animado.

Eso es jugar sucio y además para rematar, cuando dibujó a Mickey Mouse le dijeron que no tendría éxito porque asustaría a niños y a mujeres.

La producción de pinocho fue detenida a la mitad del camino y Disney tuvo que volver a dibujar la historia completa.

Las famosas películas como Bambi, no tuvieron una buena aceptación en su momento de estreno y el empresario tardó 16 años en conseguir los derechos de Mary Poppins de Pamela Travers.

Disney arriesgó todo su dinero en el primer largometraje animado, Blancanieves, en donde fue el primero en usar Technicolor. Todos le pronosticaban fracaso, pero fue distribuida en 1938 y fue la película con mayor éxito de taquilla de ese año.

Estos son algunos de sus fracasos, hablan de unos 300 en su carrera por conseguir sus sueños.

Pero sus sueños no quedaron ahí, en los largometrajes. Siempre tuvo en mente crear un espacio donde todos sus personajes cobraran vida, ofreciendo un mundo mágico a los niños y visitantes de todo el mundo.

A pesar de que algunos ejecutivos creían que Disneyland sería un fracaso, en su primera semana registró una asistencia de 160000 personas. Dos años después era una de las atracciones turísticas más importantes de EEUU.

Hoy se le atribuye haber "redefinido el concepto de las vacaciones familiares" y ha sido catalogado como una "meca turística".

Realmente es una gran inspiración para todo ser humano, de cómo podemos fracasar múltiples veces y aún así lograr lo que deseamos si seguimos avanzando hacia nuestros sueños más inimaginables.

Hay varias frases de él muy inspiradoras. Hagámosle honor, sabiendo que cada uno de nosotros merece todo lo que desee, siempre y cuando exista valoración interna propia y acción encaminada a los sueños.

"Lo que sea que hagas, hazlo bien. Hazlo tan bien, que cuando la gente vea que lo haces querrán volver y ver que lo vuelves a hacer, y querrán traer a otros y mostrarles lo bien que haces eso que haces"

"Todos nuestros sueños pueden hacerse realidad, si tenemos el coraje de perseguirlos"

"Toda la adversidad que he tenido en mi vida, todos mis problemas y obstáculos me han fortalecido. Puede que no te des cuenta cuando sucede, pero una patada en los dientes puede ser lo mejor que te suceda en el mundo."

"Piensa si lo que estás haciendo hoy, te llevará a donde quieres llegar mañana."

"Si puedes soñarlo, puedes hacerlo"

¿Tú crees que si él no hubiese confiado en su intuición, en su seguridad, si hubiese escuchado a cada uno que le dijo que no lo lograría, hoy existiría Disney Word y todo su éxito?

Él sabía que se merecía ver y sentir su sueño hecho realidad, tenía valor propio, creía en él mismo y su creación y nunca desistió, hasta que el Universo se lo otorgó. Pero como ves nada es gratis, todo tiene su costo, su valor y Walt Disney lo pagó, progresó y consiguió ser feliz y ver feliz a miles de niños gracias a perseguir su sueño.

¿Y TÚ QUE HARÁS?

Seguirás en tu zona cómoda, esperando que ocurra un milagro. Que alguien toque a tu puerta y te diga: ¡aquí tienes tu premio, te lo mereces!, ya sea que quieras una relación de pareja amorosa y extraordinaria, tener los kilos exactos que deseas y un cuerpo lleno de energía, o millones de dólares en tu cuenta.

Sólo lo conseguirás con un trabajo interno de mereci-miento, otorgándote valor y luego yendo a buscar las oportunidades afuera.

Como en este libro mi deseo es que enciendas esa chispa interior que llevas dentro, la hagas crecer y brilles tan fuertemente que todos te vean y quieran contagiarse encendiendo su propio brillo, quiero que te concentres en la base de todo esto. **¡EL AMOR!,** el más esencial para que todo lo demás se transforme acorde a tus anhelos. Ese es el **AMOR PROPIO.**

Cuando decidas comenzar a amarte, a colocarte en primer plano, atender tus intereses, a limpiarte de todo el pasado y comience a florecer el respeto, la confianza, el cuidado y el merecimiento, todo, absolutamente todo, se alineará para llegar a ti. Te parecerá magia. Y aunque sientas que ha sido o es mucho trabajo, es por ti. Piensa cuantas veces hasta ahora te has esforzado más por los demás que por ti mismo. Algunos de ellos están mucho mejor que tu, porque aprendieron a mirarse a sí mismo y a responder a sus anhelos del alma.

Además, cuando vibras en amor propio, recibes más y más amor del entorno. Siempre recuerda que vibraciones similares se atraen y vibraciones de frecuencias diferentes se repelen. Por lo tanto, cuando mejoras partes de ti, afuera comenzaran a sucederte situaciones, circunstancias, sincronicidades, causalidades acordes a esos cambios. Vas a ver el reflejo de tu transformación. Es inevitable que todo comience a ir mejor.

Eso no quieres decir que no ocurran sucesos o trabas en el camino, pero vas a estar en una frecuencia más alta y los solucionarás mucho más fácil o incluso ni les prestarás atención. Verás la solución antes que el problema. Todo esto sucede cuando te encaminas y accionas aquello que se relaciona intimamente con tu ser, con tu interior, con descubrirte, aceptarte y amarte. Tienes que darte prioridad.

El sentimiento de no merecimiento es uno de los mayores obstáculos para que crees una vida extraordinaria. Si sientes que no mereces algo, es imposible que lo recibas, simplemente porque lo estás bloqueando con esa creencia inconsciente.

Una de las creencias limitantes más profundas y comunes a todos es, justamente, la de no merecer. Eso radica en una falta de valoración propia, una baja autoestima y ausencia de amor propio.

Si miras todo lo que tienes en tu vida ahora mismo, puedes darte cuenta que es todo aquello que has permitido que entre a tu vida. El filtro del merecimiento lo pones tú. El Universo, sin embargo, tiene disponible para ti todo lo que desees.

Ahí fuera hay posibilidades infinitas sobre la que puedes elegir e ir a buscar. La energía Universal nunca colocará límites para nadie, ellos están en la mente de cada uno de nosotros, por las experiencias, los programas, pensamientos, miedos, etc.

Así como debíamos ganarnos el merecimiento de niños,

también nos han ensañado a ser generosos con los demás. Tanto en el seno familiar al compartir con hermanos, como en el sistema educativo, a ser generosos y compartir juguetes, espacios, comida y demás pertenecías. Sin embargo ocurre lo contrario cuando tienes que pedir o aprender a recibir.

Allí es cuando iniciamos con el corte de lo que llamamos merecimiento. Dime si te cuesta más o te da vergüenza pedir ayuda, exteriorizar tus necesidades. Eso es lo que, sin darte cuenta, va conformando tus patrones de conducta. Se vuelve sencillo dar, pero cuesta más recibir. Entonces a partir de este comportamiento repetitivo se hace inconsciente y ni te das cuenta que tú mismo estas cerrado y negado a recibir, a merecer todas las bendiciones que tiene la vida para ofrecerte.

Seguro te ha costado recibir palabras de admiración, gestos bonitos, apoyo, regalos, amor, incluso personas que la vida ha puesto en tu camino. Pero es momento de que comprendas que te mereces todo lo bueno que el Universo tiene para darte y es tu misión recibirlo.

¿Cómo puedes pensar en rechazar lo que la vida te ofrece?

¿Te has puesto a pensar que si tú no lo recibes el Universo se lo obsequiará a otro que si lo haga?

Seguro han pasado delante de tus ojos oportunidades que ni siquiera las percibes, justamente porque estas programado solo para percibir algunas cosas y otras no. Tal vez puedes ver miles de oportunidades para brindar tu ayuda y colaboración a los demás, pero no ves, ni percibes las oportunidades que se te presentan para tu crecimiento personal. Y ojo, que esto nos sucede a todos.

Quien no ha visto, después de un tiempo, que tal situación era una gran oportunidad para aprovechar y en ese momento ni siquiera la evaluó, simplemente la ignoró.

Estoy segura que te ha pasado muchas veces y cuando lo descubres te sientes enojado, frustrado o un tonto, por no haberte subido a ese tren que paso y que no sabes si volverá a pasar. A favor tuyo, te cuento, que el Universo no va a parar de presentarte oportunidades todo el tiempo. Es ahí donde tienes que estar despierto para verlo y tomar la decisión adecuada. Justamente para que no vuelva a sucederte el hecho de arrepentirte luego y mortificarte o desvalorizarte por ello.

Trabajando el amor propio, el merecimiento, haciendo consciente tu poder creador y tomando acción es cuando tus decisiones comienzan a hacerse más claras y el camino se va abriendo. Te sientes más seguro que vas dando los pasos adecuados.

¿Cómo te das cuenta? Porque el Universo siempre te envía señales. Ya sean circunstancias, personas u objetos, pero siempre te guía. Estar despierto y atento tiene que ser tu disposición de ahora en más. Para ver, percibir y comprender que cambios hay que seguir haciendo, donde falta retocar o afirmar, si en el perdón, en el amor propio, en ver tu interior, en el reflejo mirando tu vida actual, etc. Tu solito lo irás descubriendo.

Como ya sabes estamos todos conectados y nada es al

azar. El Universo es una secuencia de personas, momentos y acciones que se conectan entre sí. Cuando comprendes esto podrás hacerte la idea de la importancia que tiene el acto de aceptar y recibir lo que llega tu vida, pues eres parte de esa cadena, eres un instrumento mediante el cual el Universo deposita y distribuye su abundancia.

Cuando obstaculizas los canales y te niegas a recibir o tal vez ni siquiera percibes lo que se te está otorgando, no solo bloqueas la energía que intenta llegar a ti, sino que también le niegas a personas o situaciones la posibilidades de entregarnos lo que el Universo tiene preparado para que llegue a tus manos.

Al igual que tú, quienes te rodean o llegan a tu vida, tienen derecho a dar y de esta forma es que todos fluimos en equilibrio.

En fin, cuando recibes sin remordimiento están aceptando el merecimiento, reconoces tu verdadero valor y permites estar en el lugar y situación que te corresponde.

El primer paso para aprender a recibir de los demás, es aprender a recibir de ti mismo el reconocimiento que eres un ser maravilloso, que se merece todo lo que deseas. Debes prestarte atención, brindarte cariño y valoración, ya que en verdad has venido, como todos a experimentar en este mundo de prosperidad.

> ## "EL CAMINO DE LA PROSPERIDAD ES LO QUE REALMENTE TE HARÁ FELIZ"

Si no aceptas la idea de que mereces prosperar, entonces aún cuando te lluevan oportunidades y bendiciones, encontrarás la forma de rechazarlas, ya sea consciente o inconscientemente.

Por ejemplo:

Juan llego una noche contento a su casa, después de trabajar, porque acababa de ganar 500 dólares. Repetía constantemente, cada vez que se lo contaba a alguien, las siguientes palabras:

- ¡No me lo puedo creer!, si yo jamás gano nada.

El universo le regalo una oportunidad, y no va a ser la única, para que Juan cambiara su mentalidad, pero evidentemente, por sus palabras eso no había sucedido aún. Él seguía sintiendo que no se lo merecía.

A los días Juan se quiebra una pierna. Las facturas por la atención médica sumaron 500 dólares.

Eso demuestra que Juan sentía que esa ganancia no era mérito suyo y como consecuencia ese dinero así como llego a sus manos se fue a los poco días y con una pequeña lección para que aprendiera.

Aquello en lo que te concentras o te enfocas aumenta, ya sea negativo o positivo. El Universo no cuestiona lo que pides con tus pensamientos, emociones o acciones. No emite un juicio de valor. Entonces no te concentres en las cuentas que tienes que pagar, porque si te concentras en la falta de dinero y en las deudas, generaras más estrechez de dinero y más deuda.

Si quieres tener dinero sólo para ayudar a otros, entonces estás diciendo que no te lo mereces. No rechaces la prosperidad. Si un amigo te invita una cena, permite que suceda, acepta lo que te ofrecen, de la misma manera que tu esperas que los demás acepten lo que tienes para brindarles. Y esto vale para todo, para el amor, para el cuidado del cuerpo, para consejos o palabras que puedas brindar a otros a ayudar a superarse o recibir tú palabras de aliento de alguien que te ayude en una situación en particular.

Si alguien te regala algo, acéptalo y agradece. Si no usas más determinada ropa, obséquiala a alguien. Permite que la energía de la abundancia circule y fluya libremente. Tú y las demás personas son solo un canal para recibirla.

EJERCICIO DE MERECIMIENTO

Se puede trabajar el merecimiento, así como has visto que puedes trabajar todo tu ser completo: mente, cuerpo y alma.

Por 7 días ininterrumpidos debes hacer este ejercicio para que se grabe en tu mente. Debes repetir varias veces los siguientes decretos. Lo ideal es hacerlo al despertar, varias veces durante el día y antes de irte a descansar.

También es importante que mientras lo realizas no se lo cuentes a nadie para que su energía no influya y tu voluntad se mantenga y aumente.

"YO_________________________ (nombre y apellido) me merezco todo lo bueno. Mi mente tiene libertad absoluta para crear todo lo que deseo. Mi nueva forma de pensar se convierte en nuevas experiencias enriquecedoras. Me encuentro en unidad con el Universo y por lo tanto recibo toda la abundancia y prosperidad tanto en el amor, como en la salud y el dinero. Las posibilidades infinitas están disponibles para mí.**

Acepto la abundancia de esta vida con alegría y gratitud, porque me lo merezco."

¡GRACIAS,

GRACIAS,

GRACIAS,

AMADO UNIVERSO!

Los decretos y visualizaciones son excelentes herramientas para que logres, por repetición, cambiar creencias, pensamientos, emociones y patrones de conducta en tu vida.

Utilízalos y crea los tuyos propios con los cuales te sientas a gusto. Descríbete como te ves, te sientes y piensas si ya estuvieras viviendo tal cual lo sueñas.

Una buena forma de aprovechar estos decretos es gradando con tu propia voz, definiéndote tal cual te ves.

Siéntate tranquilo y escribe en un papel todas las características necesarias para estar en ese momento y lugar que deseas. Cómo eres, que haces, quienes te rodean, etc. mientras más detalles ofrezcas en la descripción más rápido entrará a tu mente y más claridad le darás al universo de lo que ya te pertenece.

Lo que describas tiene que involucrar a tus 5 sentidos, cosas que hueles, oyes, tocas, ves y dices a personas u objetos que son de tu interés. Hazlos participes para que ya entren en tu historia, en tu vida.

Todo esto debe suceder en estado presente, aunque llegará en un futuro, tú tienes que conectarte con la energía universal, con la seguridad que ya te pertenece y así debes sentirlo y agradecerlo.

Para el Universo el tiempo no es lineal todo sucede al mismo tiempo, el presente. Si tú le hablas en futuro, eso que pides nunca llegará porque se encuentra siempre adelante, y eso entenderá.

Si, además, le agregas a tu grabación sonido binaural, y lo escuchas muchas veces durante el día, tu mente se irá reprogramando más fácilmente.

¿Te estarás preguntando qué es el sonido Binaural?

La música es un estado vibracional que tiene la capacidad de elevar y modificar tu estado de conciencia. La música o sonido binaural pretende elevar esta conciencia a otros estadios mediante la producción de notas musicales capaces de alterar las ondas cerebrales de tu organismo.

Los sonidos binaurales no dejan de ser frecuencias de

onda cerebrales que se combinan con música de fondo para llevar al oyente a un estado de conciencia, un estado de relajación o un estado meditativo.

Cuando escuchas esta música eres capaz de aumentar tu grado de conciencia y esto se traduce en una ayuda a varios niveles de la vida cotidiana: relajación, concentración, visión y otras cualidades ocultas de la mente.

La musicoterapia es un tratamiento que se ha comprobado científicamente a través de diversos estudios clínicos para tratar:

- insomnio

- depresión

- ansiedad

- falta de concentración

- otras

La música binaural tiene como objetivo incidir sobre la persona y directamente sobre el cerebro, a cambiar el estado en el que se encuentra mediante la difusión de una frecuencia de ondas determinadas y sentir los efectos de ésta sobre el organismo.

Además del beneficio de llevar a la mente a un estado meditativo, de apertura de conciencia y de restablecimiento químico de niveles de sodio y potasio en el cerebro, se considera a este tipo de terapia como un paso más en la experiencias personales que tienen relación con el estado psíquico y los fenómenos metafísicos.

El requerimiento básico para escucharlo es mediante auriculares. Se necesita poder sincronizar ambos hemisferios del cerebro a una misma frecuencia.

Si lo haces con constancia descubrirás que al cabo de un tiempo podrás dormir óptimamente, controlar la ansiedad y el miedo, conseguir mayor concentración, visión y enfoque, así como obtener una sensación de bienestar generalizado.

Espero haberte ayudado con las dudas que pudieron haber surgido y te sirva de ayuda para utilizarlas de herramientas que colaboren con tus acciones de aproximación a tus sueños.

Ya no deben quedarte dudas sobre que es lo puede estar fallando para no conseguir la vida extraordinaria que deseas. Todo, absolutamente todo está en ti.

Mírate y comienza a encontrarte, a reconocerte. Ámate, valórate y luego muéstrate al mundo.

¡LLEGO EL MOMENTO
DE ENCENDERTE Y BRILLAR!

Y ahora dame tu mano y ven conmigo, que vamos a presentarte al mundo entero...

AMARTE
PARA
AMAR

AMARTE

Es una aventura que vivirás toda tu vida, estás en tu compañía siempre, por eso, ante todo debe existir aceptación de lo que eres, con tus errores y aciertos, tus luces y tus sombras.

Sé que vas a encontrarte con información repetida o similar. Pero la idea es que realmente lo más importante entre en tu mente.

No te voy a decir que sea sencillo. Hemos sido educados para buscar afuera la manera de ser reconocido y amado por los demás.

El tema es que pasado el tiempo descubres que en ese reconocimiento de los demás no es lo que te hace feliz, es más, muchas veces te genera insatisfacción, simplemente porque no estás siendo tú, sino que utilizas una máscara para agradar a otros.

Invierte todo ese esfuerzo en aceptarte a ti, en vez de gastar tanta energía en las respuestas del exterior hacia ti. Y eso no quiere decir que no te integres, que no te relaciones, que te aísles y te quedes sólo.

Ya hemos visto que las relaciones son tu espejo para reconocerte y modificar lo que te detiene, lo que te paraliza. En las relaciones con los demás es donde realmente creces interiormente, si eres capaz de observar y ser consciente de aquello que te está reflejando. Por eso somos seres sociales.

Supone mucho esfuerzo comprender que tu valor personal va más allá del reconocimiento. Tu valor reside dentro de ti, en mostrarte tal cual eres y sentir que eres digno de amor, sea cual sea tu condición actual, los resultados que obtienes, si haces o no lo correcto. Porque lo correcto ¿Para quién?, sólo tiene que ser lo correcto para lo que tu corazón desea, mientras no dañes a personas involucradas, sino que todo se mueva por la energía del amor. Aquello que deseas es lo correcto para ti.

Todos somos dignos de amor, pero pretendemos buscarlo fuera de nosotros. Que hay que ganárselo, buscarlo, hacer lo adecuado para conseguirlo, etc. eso es lo que nos enseñan.

Pero la verdad es que tu ser y el de cada uno de nosotros está impregnado de amor. Cuando rompes las barreras del miedo, sueltas tus emociones reprimidas y comienzas a conectar contigo, el amor comienza a fluir.

AMARSE PARA PODER AMAR

El primer paso para amar es amarse a uno mismo, conectar con tu ser interior, reconocer la divinidad que hay en ti, hacerle honor a tu existencia en esta vida. No estás aquí para pasar desapercibido, viviendo a duras penas. Estás para emitir tu brillo propio, producto de tu amor incondicional, que cuando lo sientes en tu interior se expande a todo ser de este Universo.

Si tu entrega a los demás es para llenar un vacío que sientes dentro, ya vas mal encaminado. Eso podrá hacerte sentir bien por un momento, pero ese momento se esfumará y volverás a buscar afuera otra persona, o la misma, para prestar tiempo, atención y energía, distrayéndote de lo que realmente debes hacer. Enfoca tu energía en encontrar que tú solo, eres un ser completo, que eres amor, felicidad; y que nada, ni nadie que esté fuera de ti puede resolver ese vacío.

Cuando entiendas que eres un ser completo, y te conectes con lo que realmente eres, las personas que lleguen a tu vida van a estar ahí para compartir, etapas, momentos o casi toda la vida contigo. Pero ellos no te completan, solo hacen más hermoso el camino que eliges seguir.

Es bueno estar acompañado cuando realmente te amas, pero cuando no lo haces hay una tendencia de apego, de necesitar al otro que no te permite ver tu interior y sentirte completo.

A veces los procesos que se viven en soledad ayudan muchísimo. Cuando hablamos del camino del héroe, una de las situaciones que siempre suceden a todos por igual es la de experimentar la soledad, porque ella nos lleva a profundizar en nosotros mismos, a vernos como no nos hemos visto antes, por estar siempre acompañado y prestándole atención y enfoque a otras personas.

Cuando la vida se encarga de dejarte solo, aprovecha. Es un momento único para reflexionar y realmente mirarte, ver que es lo que tu interior te estás pidiendo, porque seguro es un cambio importante, y si no le prestas atención volverá a sucederte con mayor intensidad hasta que comprendas que el trabajo lo tienes que hacer si o si, si es que quieres superarte.

No todos lo entienden de esta manera. Pero observa la vida de esas personas que viven a los tumbos y vuelven una y otra vez a lo mismo. ¿Dónde se encuentran ahora? ¿Cómo es su vida? ¿Cómo son sus relaciones, su salud, su economía?

Siempre que tomes tu tiempo y coloques tu atención en ti, el amor incondicional brotará. Brindando desde esa posición amor a los demás tus frutos serán otros. Dejarán de ser el torbellino que has experimentado antes, soltarás aquello que ya no vibre contigo. No insistirás más en aquello que requiere mucha energía y te deja por el piso. Sólo irás valorándote y cuidándote de todo aquello que no te permite ser libre.

Amarte también es importante para poder recibir el amor de otra persona, para confiar en ese amor que te puede ofrecer. No puedes estar receptivo a todo lo bello que los demás te aportan si no aprendes primero a sentirte digno, si no comienzas por amarte a ti mismo.

> *"Sólo después de encontrarme a mi mismo puedo ayudar a otros. Y si he de ayudar, debo tener comprensión y sobre todo infinito amor"*
>
> **Krishnamurti**

Amarse a uno mismo forma parte de un proceso fundamental en tu vida, que te permitirá poder amar de una forma más honesta a los demás.

Este proceso dura toda la vida, porque son muchas las circunstancias que te pondrán a prueba constantemente. Decepciones, frustraciones, errores cometidos, metas no conseguidas, rupturas, desánimos, etc. existirán muchas pruebas por las que inevitablemente pasarás y serás sometido para que demuestres que no influyen en tu valor personal.

Ese valor personal no depende de lo que has conseguido o de lo que tienes, depende de la actitud con que afrontas cada paso que das en tu vida para llegar a amarte incondicionalmente.

Eres una persona maravillosa que se lo merece todo, digna de amor infinito, merecedora de gratitud, sonrisas, alegría, bienestar y todo lo hermoso que te rodea. Eres merecedor de todo el amor que guardas en tu interior.

¿CUÁNDO PUEDES DAR AMOR REAL A LOS DEMÁS?

Si no tienes amor hacia ti mismo, muy difícil puedas realmente brindar amor a los demás. Puedes creer que lo que estás entregando es amor, sin embargo cuando te das cuenta que caes en el control, los celos, la manipulación, los chantajes emocionales, eso es indicador que no te amas a ti mismo, y estás buscando que los demás llenen esa falta de amor propio.

Cuando no aprendes a amarte buscas el amor afuera, creyendo que los demás te otorgarán el valor que tienes de acuerdo a cómo te tratan. Quedas siempre expuesto a la evaluación externa y tu amor, tu felicidad, dependen de lo que recibes.

Eso se llama dependencia emocional. Es muy triste vivir así, porque nunca te sientes completo, siempre estás esperando de los demás. Colocas tus expectativas en ellos y cuando no responden tal cual deseas te sientes decepcionada y comienza el bajón, la falta de autoestima, la desvalorización.

Como ves todo está relacionado.

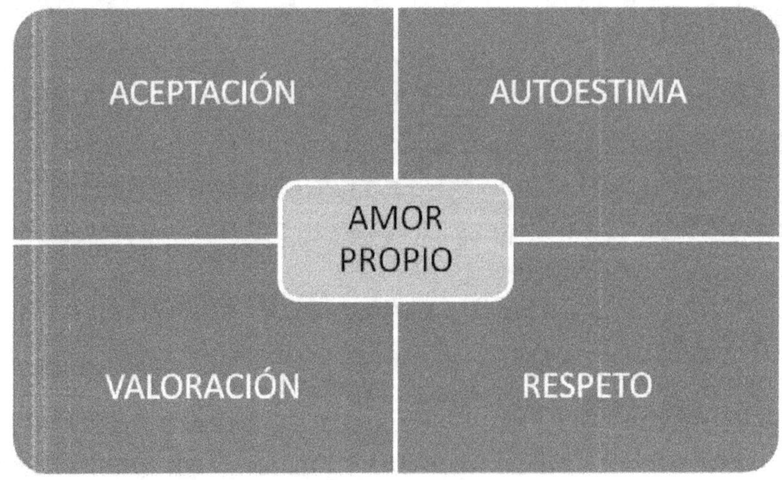

En el momento que comienzas amarte se manifiesta la armonía dentro de ti, la coherencia. Ya no te sientes perdido, confundido y obtienes claridad sobre lo que realmente deseas.

Los límites los reconoces tanto para ti como para los demás y expresarlos te empoderan porque manifiestan esa coherencia interna que siempre te llevan a buen puerto.

No amarte implica todas estas emociones y situaciones que no puedes controlar, porque todas están fuera de ti y dependen de la actitud de los demás. Es vivir subido a una montaña rusa de emociones que son provocadas por el exterior, por las actitudes de los demás hacía ti, por las circunstancias.

Si decides no amarte y no te ocupas de transformar ese amor que le entregas a los demás en amor propio, no tendrás nunca el control de tu vida. Permitirás que siempre tu futuro esté en manos de los que eliges tener a tu lado. Estarás en posición de víctima echando la culpa de tus frustraciones a los demás, y eso no es lo que deseas tu, ni yo, y creo que ninguna persona.

Somos seres individuales con la capacidad para dirigir todo lo que eres, tu mente, tu cuerpo y tus emociones.

Tú decides. ¿Eliges trabajar en ti o eliges vivir en el sube y baja de emociones que te genera depender de las demostraciones y el amor que pueden brindarte los demás?

Creo que si estás aquí leyendo ya sé cuál es tu respuesta. Sólo queda que tomes acción hacia los cambios necesarios. Si tú no te mueves y te diriges a tus sueños, la vida te lo mostrará en el momento menos esperado y te aseguro que te dolerá más.

No esperes que la vida sea la que te dé el sacudón, hazlo tu mismo antes y el proceso será más agradable, incluso te sentirás más confiado y festejarás tus logros gracias a las decisiones que tomaste.

Las reuniones entre tú y Joel se han vuelto un ritual, pero ya no son ustedes dos solos, ya son un gran equipo. Personas de todas las edades se han ido acercando a la cascada y han convertido ese espacio en un lugar sagrado en donde se van turnando para hablar y aprendiendo cada día unos de los otros.

Te agradecen a ti haber llegado a estas tierras y lograr semejante rutina de enriquecimiento para todos. Pero tú has dejado claro que se fue creando solo a partir de la conexión con uno y con otro. Cada día se sumaba y se sigue sumando alguien más, las ideas que surgen se charlan y el aporte de todos hace crecer al grupo.

Decidieron nombrarlo: "enciéndete y brilla", en honor a esa llama interna que todos tenemos dentro. Algunas son una mínima chispa y otras unas llamas inmensas que brillan por donde vayan. Pero desde que el grupo fue creciendo, el amor entre unos y otros, el dar y recibir sin condiciones, ha producido el contagio de las llamas más fuertes a las más débiles.

Se ha generado más energía en las personas, más alegría, ideas, incluso algunos se han juntado para generar avances en la isla para vivir mejor. Otros tienen la idea de conocer el mundo y se concentraron en armar un buen barco para navegar.

Así como tu historia de vida ayudó a muchos a creer en sus posibilidades infinitas, en soñar y saber que lo pueden hacer real, tú has aprendido mucho de cada uno de ellos.

Tienes muy claro que cuando regreses a casa enseguida van a notar tus cambios. Te has mirado en el reflejo del agua y tu rostro te parece más bonito que antes. Sonríes todo el tiempo y antes la amargura, el enojo constante, la culpa, el victimismo, mostraba un rostro totalmente diferente, hasta parecías más viejo que ahora.

Has logrado relacionarte con los demás de una manera que nunca antes habías experimentado. Reflexionaste sobre esto y sabes que se debe a tener tu corazón y tu interior totalmente blindado. Incluso ni te conocías y mantenías un temor constante a que te hagan daño, así que te mantenías siempre a la defensiva y atacando. Eras engreído y mal humorado. Y lo más importante es que no te amabas, ni siquiera te tenías en cuenta.

Cuando les cuentas tus cambios les cuesta muchísimo creerte, porque te han conocido tan abierto a dar y recibir, tan alegre, tan predispuesto a ayudar que es increíble e incomprensible tan gigante cambio en ti. La verdad que si las personas de la isla te hubiesen conocido antes te habrían rechazado o machacado hasta que comprendas lo que hoy sabe tu interior.

Pero también comprenden que por eso estás ahí, logrando ahora cambios en ellos y provocando más cambios en ti, es un ida y vuelta de energías que transforman.

Es ese contagio de fuerza vital que hay en el interior y que uno activa en el otro. La llama de cada uno se enciende y va creciendo cada vez más... esa es la intención de este hermoso ritual diario en que cada vez llegan más y más personas.

Cuando pusiste los pies en la isla jamás imaginaste tremenda aceptación. Sentiste decaer en muchos momentos, incluso pensaste que no había personas en la isla y tu corazón quería con todas sus ganas compartir los mensajes tan sabios que estaban ocultos para muchos, pero no para todos.

Se ha vuelto tu pasión llevar esos mensajes a la mayor cantidad de personas posibles. Te encontrarás con aquellos que los conocen y otros que no. Pero a los que ayudes a despertar, a que encienda su llama y comience a brillar, será una satisfacción muy grande para ti y una bendición para ellos. Lo estás experimentando en esta isla y no piensas frenar...

¡Vamos, mira siempre adelante, no debes frenar, te espera la parte más maravillosa...el resto de tu vida, transformado, lograrás todo lo que te propongas. No dudes más y avanza!

Sigo acá contigo, acompañándote, brindándote mi mano y todo de mí.

¡Gracias, Gracias, Gracias por estar aquí,
eres mi bendición y tú lo serás para otro!

RESUMEN FINAL

QUIERO COMPARTIR CONTIGO 10 TIPS PARA AMARTE, ENCENDER TU LLAMA INTERIOR Y BRILLAR

No puedes amar a otros si no te amas primero a ti, simplemente porque no puedes brindarle al otro lo que te falta. Y buscar en el otro lo que te hace falta no te completará, solo lograrás una dependencia emocional, un apego, justamente por creer que la otra persona te brinda lo que necesitas.

Si necesitas es que estás vibrando en escasez, y de esa manera nunca podrás valorarte, amarte y sentirte completo. Pero ya sabes que lo eres, y si todavía sientes que te falta una vuelta de rosca al amor propio, vamos, como primera medida, a tomar la decisión de conquistarte y enamorarte de ti mismo, luego todo lo demás vendrá solito por la energía que emanas y por estar vibrando en amor.

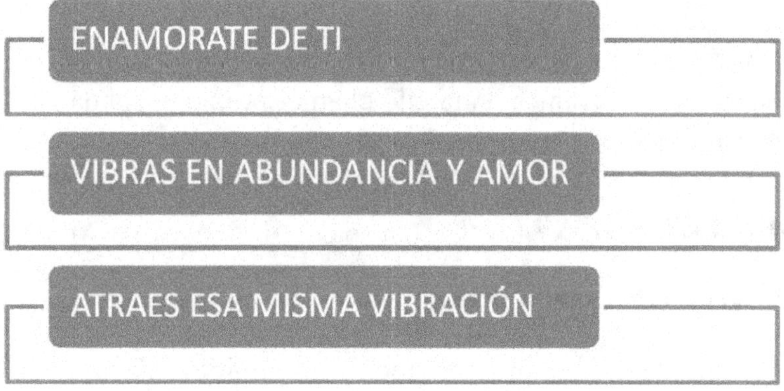

No esperes que alguien llegue a ti para solucionar todos tus problemas, porque eso nunca sucederá, si te tiras en un sillón esperando el cuento de hadas pasarás por situaciones que no te agradarán y sólo te harán sufrir. Porque si necesitas a alguien llegará seguro a tu vida y cubrirá tus expectativas por un tiempo, te parecerá todo divino, pero pasado un tiempo esa necesidad de sentirte completo con otra persona seguirá pidiéndote más y más. Vivir así te sumerge en la angustia y hasta en la desesperación, porque llegas a olvidarte de ti y en un punto ya ni sabes que quieres, que sientes, que piensas, para todo dependes de la persona que tienes a tu lado, has perdido tu identidad.

Como no quieres eso, nadie desea esta situación, los tres libros que he escrito hasta ahora, intentan trasmitirte el poder que tienes para cambiar todo en ti y a tu alrededor.

Fue mi experiencia, y deseo que sea la tuya, la de empoderarte, la de brillar y conseguir hacer realidad tus sueños. Está más que comprobado que los sueños si les das energía, fe y acción, los logras.

Quiero que seas feliz progresando continuamente, avanzando sin detenerte nunca. Para ello el amor propio es fundamental. A partir de allí puedes construir el imperio que deseas.

MIS TIPS PARA TI

① Atrévete a ser tu mismo

Muéstrate tal cual eres en todos los ámbitos de tu vida. Cuando sucede eso las personas perciben que eres auténtico, y atraerás buenas situaciones a tu vida. Lo que no sea como tú se alejará, y en definitiva, eso juega a tu favor. No intentes agradarle a todo el mundo, te aseguro que agradarás más siendo como realmente eres que simulando ser otra persona. Siendo consciente de tu potencial es cuando conectarás verdaderamente con otras personas.

② Vive el presente con optimismo

El presente es lo único que está en tus manos, enfócate en lo que puedes hacer ahora mismo, mientras mejor desempeño tengas en todas las áreas, principalmente en la que se refiere a tu autoestima y tu valoración, más firme será la construcción de tu futuro.

El pasado solo sirve como aprendizaje, el futuro todavía no está a tu alcance, no te concentres en ninguno de los dos porque uno puede traerte nostalgia, bajón, tristeza, y el otro, ansiedad y stress. Lo único que puedes controlar es lo que estás viviendo en este preciso instante. Amate tanto que solo puedas pensar en disfrutar y sembrar las semillas que darán los mejores frutos para recoger en el futuro.

③ Elimina los miedos

En el preciso instante en que consigues amarte, te liberas de la presión de ser perfecto, de que cada movimiento sea un éxito. Esa liberación te permite llegar más lejos de lo que te puedes imaginar y en el camino obtienes más seguridad y afrontas mas desafíos reforzando la confianza en ti y la autoestima.

No te quedes paralizado por el miedo al fracaso, de ello también se aprende. Estancado en el mismo lugar no te hará crecer y tu brillo interno comenzará a menguar. Suelta todas las ataduras mentales y muévete hacia lo que deseas. Eso que esperas también está esperando por ti.

④ Ama a los demás

Amándote a ti mismo permitirá que adquieras la capacidad de amar a los demás. Antes de eso no era amor, era apego o dependencia y debes admitirlo. El amor incondicional se siente totalmente diferente. Si lo estás experimentando sabes que no se puede comparar, que brinda paz, armonía y fluidez en todas las relaciones. Si todavía no lo has experimentado comienza a buscarte en tu interior y cuando te encuentres bríndate todo lo que te mereces, todo tu amor, y luego, sólo luego, podrás amar y recibir verdadero amor de los demás.

⑤ Disfruta más

Deja la queja de lado, que sólo te traerá más situaciones para que sigas en ese estado.

Al amarte sales del victimismo y el lamento constante, te empoderas y logras disfrutar mucho más de las experiencias. Sin darte cuenta cada logro traerá otro y así sucesivamente, siempre y cuando tu enfoque esté puesto en disfrutar del camino, agradeciendo todo lo que llega a ti, abriéndote al aprendizaje de cada experiencia. Verás que el amor propio irá en crecimiento y cada vez te sentirás mejor. Todo es un proceso, no lo aceleres, solo ten la convicción que lo mejor está allí esperando por ti.

⑥ Fuera las máscaras

Sí, esas máscaras que usaste mucho tiempo para agradar a

los demás y adaptarte a la sociedad cumpliendo con lo estrictamente aceptado, ya no tiene sentido. Fuiste la máscara construida por las enseñanzas recibidas y por las creencias que metieron en tu inconsciente. Pero ya eso es pasado, hoy decides tú quien eres, no quien deberías ser para los demás.

Solo desde esa seguridad podrás construir un reino auténtico basado en el amor propio. Y las personas sabrán apreciar tu honestidad y gustarán de compartir buenos momentos contigo.

(7) Abre tu mente

Cuando te amas, esa seguridad que tienes y trasmites, te lleva a seguir explorando espacios nuevos, ideas, lugares, personas, experiencias.

Ya no te quedas en una burbuja, siguiendo los convencionalismos de la sociedad o lo que te dicen tus seres queridos a modo de protección. Te liberas de todo ello y arriesgas guiado por lo que te dicta tu intuición, esa voz interior a la que le debes prestar atención.

Rompes límites y ataduras que sólo estaban en tu mente insegura, y comienzas a recorrer caminos nuevos llenos de oportunidades.

El Universo siempre está conectado contigo, y si te ve cambiar, y moverte a espacios nuevos, pondrá en tu camino circunstancias que no debes desperdiciar. Cuando te amas estas más despierto, más intuitivo y más atento a todo lo que te llega.

⑧ Deja fluir tu creatividad

Cada uno posee instintos y talentos naturales que pueden mejorarse si te lo propones. A su vez también tenemos la posibilidad de adquirir nuevas habilidades y potenciarlas.

No te quedes con lo que han dicho que podías o no hacer, ni con las etiquetas que te han puesto o te has colocado tu solo. Ya no tienes excusas y no sirven. Ámate y tu potencial irá desarrollándose y abriéndose nuevos canales que antes ni considerabas.

⑨ Arriésgate

Deja ya la persona que no arriesga atrás. Esa persona que ve pasar los días y se mantiene en la rutina en la zona de confort, no es alguien que se ame y busque la superación constante.

Para avanzar, para ser la persona que los demás vean y quieran compartir momentos contigo, debes ponerte incómodo y moverte a esa zona desconocida donde te espera todo lo nuevo, pero que inevitablemente te lleva a un siguiente nivel en tu vida, a un escalón más.

Si estás aprendiendo a amarte, esos riesgos que tomas te harán mirarte y decir: "Wow, cada día me sorprendo mas de mi mismo y de lo que voy superando".

Crece tu autoestima, tu seguridad, y solo te comparas con el tú de ayer. Ello sin lugar a dudas te genera más fuerza para seguir hacia adelante.

⑩ Tus límites

Amarte a ti mismo implica conocer y aceptar que no eres perfecto, nadie lo es. Esta muy bien tener aspiraciones y ambiciones, pero siempre y cuando conozcas tus limites. Has más de lo que crees poder, esfuérzate, pero también reconoce hasta donde lo puedes lograr sin dañarte y sin dañar a otros.

Es importante mejorar cada día, pero siempre dentro de tus posibilidades. Teniendo siempre en cuenta que hay situaciones que te gustarán y otras que no, por lo tanto está bien escoger las que te hacen más feliz disfrutando el camino, aun sabiendo que te pondrá en la zona incómoda.

Deseo que este pequeño resumen te sea útil. He transitado y sigo transitando este camino de superación hasta el último día de mi vida. Tengo muy claro que estoy en un camino de evolución constante, en el cual me encuentro con desafíos, así como también con bendiciones. Pero te aseguro que dista mucho de ser la vida que tuve en el pasado.

La Vero del pasado, jamás se hubiese animado a dar estos pasos, jamás se hubiese expuesto a compartir parte de su vida plasmándolo en un libro, es más, aún soñando con escribir, jamás pensó en hacerlo real, solo era parte de su fantasía. La vergüenza, la falta de autoestima y amor propio solo mantenían a esa vero en la oscuridad, en la sombra.

Es por todo eso, que puedo hoy estar brindándote todo de mí, porque primero experimenté lo que no le deseo a nadie, pero que observo mucho en las personas.

Es mi deseo lograr un mundo de héroes propios, que no se sientan a esperar, sino que actúan y van en busca de lo que anhelan.

Me gustaría eliminar la queja constante y transformarla en optimismo, en buscar la solución y no concentrarse en el problema.

En reconocer que cada uno de nosotros somos responsables y creadores de nuestra realidad.

Compartí mi proceso contigo, resumido en estos tres libros, con una única intención:

Ayudarte a lograr cambios y evolución en la tuya.

Eres parte de mí, como yo soy parte de ti y todos somos parte del Universo. Todos somos uno. Estamos unidos por un entramado de energía invisible a nuestra vista, pero si nos ayudamos podremos conseguir un mundo mejor para todos.

¡GRACIAS INFINITAS!

Son mis más sinceras palabras para ti, es lo que nace de mi corazón, y hasta me emociono escribiendo en este preciso instante.

Me has permitido ser quien soy y me has abierto tu corazón al recibir estas líneas, por eso no puedo estar más que agradecida.

Quiero brindarte unas últimas palabras, para que no te olvides de tu poder interior y de lo que eres capaz. Quiero despedirme de esta trilogía, (porque seguro va a ser mucho más lo que tenga para ofrecer a medida que siga avanzando), cerrando la historia de fantasía que la acompaña, en la cual no le di nombre al protagonista, porque eres tú, y por lo tanto lleva tu nombre y ese espíritu soñador que ha comprendido todo sobre esta vida terrenal.

Que no sirven los juicios, que el pasado ya fue y solo puedes mirarlo si vas aprender de él, si vas a perdonar y soltar todo lo que te mantiene atado.

Que lo que quieras lograr como meta esta en el futuro, pero no debes vivir mirando allí, sino construyéndolo ahora, en este preciso momento, en el presente, y disfrutando el camino. Aún cuando sea estrecho, te encuentres piedras en el camino o tengas mucha sed, sigue que lo que anhelas y sueñas está tras todos esos obstáculos.

Que la mente es maravillosa y deslumbrante y que si aprendes a manejarla, y tomas el control podrás guiar tu barco hacia donde tú quieras.

Que ser auténtico y amarte a ti mismo es la base de conseguir el equilibrio justo en todos los ámbitos de tu vida, en el dinero, en la salud y en las relaciones, porque ya nada se acercará a ti que no vibre en tu misma frecuencia, y si vibras en amor todo llegará a ti de esa manera.

Todas las herramientas están disponibles para ti, haz uso de ellas y mantén las que te den mayor resultado. Realmente los buenos hábitos adquiridos en este proceso sirven para romper los malos y viejos hábitos. Y son un impulso muy importante hacia la concreción de tus sueños.

Recuerda esto:

"Ten paciencia"

No todo sucede al instante. En algunos momentos llegarán preguntas y en otros respuestas. Deja fluir y confía que todo llega en el momento justo y adecuado para tu aprendizaje y evolución. Tu fe es probada constantemente por Universo, quiere asegurarse que realmente estás convencido de lo que quieres para hacértelo llegar.

Por último:

"Agradece"

Nunca te olvides de agradecer por todo, por cada cosa, situación y experiencia que vives. Si comprendiste todo, hasta lo que consideras malo en un momento luego lo agradeces cuando descubriste la enseñanza disfrazada que había en ello. Ser agradecido traerá a tu vida más circunstancias por agradecer. Se convierte en un espiral de cosas buenas y tu vibración se mantiene elevada constantemente.

Llegó el día indicado por tu corazón para volver a casa, ver a los tuyos, compartir todas las experiencias vividas, pedir perdón y perdonar viejas heridas que ya no están, abrazarlos como nunca antes lo has hecho, decirles que lo amas con toda el alma y partir hacia los lugares que el Universo te guíe.

En estos momentos te toca despedirte de una parte muy mágica de tu vida, nada de lo sucedido en esta isla se te olvidará, cada rostro es parte de ti, de tu memoria y llevas dentro un destello de cada una de las personas que conociste y abrieron su corazón ante ti.

Estás rodeado por mucho afecto, cariño y amor. Te han preparado una muy linda fiesta. Ellos no hablan de despedida porque aunque no vuelvan a ver sus rostros en esta vida, saben que están conectados y unidos para siempre.

Entre el tumulto, la música, la danza, y las risas, tus ojos buscan a una persona en especial, porque lo es para ti, porque te viste en él, reconociste algo de tu niño interior al conectarte con él, y deseas abrazarlo y proponerle algo, sin expectativas, sabiendo que responda lo que responda, a ti te llenará de orgullo y felicidad.

De pronto lo encuentras solo apoyado en una gran palmera, mirando el inmenso océano. Te quedas observándolo por un momento y lo sientes triste, apagado. No están esos ojos brillantes que lo decían todo cuando se contaban y compartían sus vidas y sus sueños. No esperas ni un segundo más y te acercas. Le tocas el brazo buscando contacto, avisándole que estás ahí para él. Te mira y te abraza tan fuerte que notas lo duro que está siendo para él. Así que tomas su carita en tus manos, como la primera vez y comienzas hablar con él.

Cuando tu propuesta sale de tus labios, para Joel suenan como una melodía. Ya sus ojitos pasen de estar tristes a sentirse con todo el entusiasmo y la alegría del mundo.

Le has propuesto ir contigo a conocer tu familia y los lugares que desee recorrer juntos para contagiar y despertar a aquellas personas que no la están pasando bien por tener los pensamientos errados.

Joel sale corriendo hablar con sus padres y tú vas tras él para conversar el tema. Después de un largo rato de conversación, de risas y guiños, miran a Joel que en su desesperación pide que le den una respuesta. La cual tu ya conoces porque ya habías solicitado ese permiso antes de proponerse a Joel….y estás que no puedes más para que le digan el "SI" tan deseado y saltar de alegría junto él.

Que felicidad manifiesta Joel al escuchar que tiene permitido ese viaje, su grito es tan fuerte que se ha escuchado en toda la isla. Las demás personas se quedan asombradas, tratando de entender que fue lo sucedido. Así que decides subirte a una roca para tomar altura, le das tu mano a Joel para que suba a tu lado y comentas el motivo de festejo. Te vas con él a comenzar ese fabuloso viaje lleno de sorpresas que seguro los esperan.

Todos aplauden y festejan. Pero llego el momento de partir y dejar que sigan festejando la vida y disfrutándola como te han enseñado a ti.

Está todo preparado, incluso las pertenencias de Joel están listas para emprender el viaje. Su mamá había preparado todo a escondidas para que la sorpresa se mantuviera en pie.

Lo más importante, los mensajes recibidos en la botella que estaba en el océano, esperándote a ti y los del cofre que tenían el mismo destino, terminar en tus manos, están muy bien protegidos. Ellos son el regalo material que te dio el Universo para que ahora le hagas honor, compartiéndolo y diseminándolo por todo el mundo. Y con la fortuna de ir acompañado.

¿Qué más puedes pedir? Tienes todo cuando encuentras un propósito por el cual seguir adelante. Te sientes impulsado y empujado por una fuerza extraordinaria que sabes con total seguridad te presentará la vida que anhelas.

Suben sus pertenencias al barco de vela, totalmente preparado para lanzarte de nuevo a la inmensidad del océano. La diferencia es que esta vez tu mapa tiene un recorrido, un destino inicial y luego miles más que irán surgiendo. El entusiasmo está en su total plenitud. Te potencias con tu compañero de viaje y todo se vuelve un sueño hecho realidad.

Listos para partir. Saludan a los hermanos del alma que quedan en la isla y comienzan a alejarse. Lentamente van ingresando a zona desconocida, a donde todo comenzó.

Que diferente te sientes, solo hay una sonrisa constante en tu rostro, agradecimiento y felicidad interior. Te sientes conectado contigo y con todo lo que te rodea. Te amas y amas al niño que te acompaña, al océano, al cielo, a las aves, a los peces que te alimentan, a cada ser de este planeta. Amas al Universo, Dios o energía superior, el nombre que le des no es relevante, sino lo que sientes por él.

Joel te mira y te dice:

- ¡Estás brillando!

Y tú con unas cuantas lágrimas de emoción responde:

¡Es lo que siempre soñé!

¡Gracias,

Gracias,

Gracias

Amado universo!

MERECIDO PROGRESO

Amado lector, amigo, en este camino recorrido juntos. Hemos llegado hasta aquí y deseo haber sido una buena compañía para ti.

Si permitiste que tu corazón se abriera seguro que estas palabras van a vibrar contigo:

¡FELICIDADES POR TU TRANSFORMACIÓN, PROGRESO Y CRECIMIENTO PERSONAL!

¡ERES TU PROPIO HÉROE!

Festéjalo, mímate, hazte un regalo, algo que te guste mucho, puede ser saborear una comida favorita, ir al cine, comprarte algo que hace tiempo deseas, comparte con alguien que quieras un vieje o un momento inolvidable. Cualquier experiencia con la cual sientas que te estás premiando, porque realmente:

¡TE LO MERECES!

Vero

¿ME DAS TU MANO COLABORANDO PARA DESPERTAR A MÁS PERSONAS?

Sinceramente me vendría muy bien tu ayuda. Si cada uno de nosotros aporta un poquito de sí, podremos crear un mundo de personas más felices. Conociendo que sí es posible, y las maneras para lograr hacer sus sueños realidad.

¿Cómo puedes ayudarme y ayudar a otros?

Hazte una foto con el libro que más te agradó o con los tres, y envíamelo (en la solapa encuentras mis redes sociales y mi página web), para poder subirlo y compartirlo con el fin de contagiar a otros que están necesitando que alguien les tienda una mano. Es necesario expandir la energía positiva y el empoderamiento. Que todos conozcan al Heróe que llevan dentro y lo pongan en acción.

También me agradaría mucho recibir tus comentarios u opiniones sobre los libros. Saber que te han provocado.

Sabes que mi mayor propósito está en conseguir que tu vida sea más bella y que disfrutes el camino hacia la concreción de tus sueños.

Inmensamente agradecida por este recorrido en tu compañía.

¡Abrazo enorme lleno de amor!

Vero

DECICATORIA ESPECIAL
A MI QUERIDO MENTOR

LAÍN GARCÍA CALVO

Su carisma, su generosidad y la seguridad que trasmite te hacen sentir que conoces un mundo nuevo que nadie antes te había mostrado.

En su famoso libro, con el cual se consagró como Best Seller, "LA VOZ DE TU ALMA", presenta una serie de principios irrefutables y comprobados sobre el manejo de nuestro poder creador.

No sólo lo ha demostrado con su propia experiencia, sino con cada uno de los que nos hemos dedicado a estudiar su saga completa. Si lo aplicas tienes resultados.

Ante esos resultados es que hoy me encuentro aquí compartiendo en mis libros lo que he aprendido y modificado para tener una vida extraordinaria, progresar y ser mi mejor versión.

Gracias a su impulso constante estás leyendo estas páginas. Gracias a instruirnos siempre, es que hoy te puedo brindar a ti algo de todo lo que investigué y experimenté para que tú también logres hacerlo.

Solo tengo palabras de agradecimiento hacia Lain. Perdí miedos, eliminé barreras y muros de mi vida. Comencé a caminar por el sendero de mi propósito: compartir con la mayor cantidad de personas posibles este mundo nuevo, pero mágico, de poder interno, para que cada uno encuentre su camino a la felicidad.

Te recomiendo que no te lo pierdas y ve adquirirlo ahora mismo. ¡No te arrepentirás!

A TÍ LAIN:

¡GRACIAS, GRACIAS, GRACIAS INFINITAS!

NOTA PARA TI

Como ya sabes, eres lo más importante para mí. Si logré aportar mi granito de arena y que consigas cambios positivos en ti, yo ya me siento plena y feliz por ello.

Mi trilogía ha culminado. Pero eso no quiere decir adiós.

Como persona buscadora, estoy en constante aprendizaje y sigo mejorando día a día para brindarte lo mejor.

Seguro con el tiempo te encontrarás con más publicaciones de libros de mi autoría, pero mientras seguimos en contacto. Puedes entrar a mis redes sociales, donde encontrarás aportes, clarificaciones de dudas de lectores, e incluso información nueva.

Todo lo que descubra en mi avance como técnica o información positiva lo compartiré contigo.

Este hilo que nos unió no se romperá jamás.

¡Cuenta conmigo!

¡TE AMO!

Vero

PD: Te deseo una vida extraordinaria. Y espero me la cuentes 😊

Este libro se terminó de imprimir
en el mes de enero de 2020
en los talleres gráficos de Imprenta Lux S.A.
Hipólito Yrigoyen 2463 - Santa Fe - Argentina.
www.imprentalux.com.ar